Couverture inférieure manquante

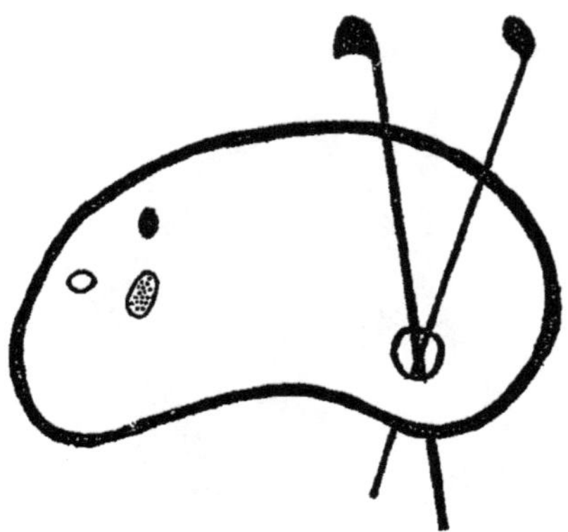

DEBUT D'UNE SERIE DE DOCUMENTS
EN COULEUR

RECHERCHES

SUR LES

DROITS FONDAMENTAUX DES ÉTATS

DANS L'ORDRE DES RAPPORTS INTERNATIONAUX
ET SUR LA SOLUTION DES CONFLITS QU'ILS FONT NAITRE

PAR

A. PILLET

PROFESSEUR ADJOINT A LA FACULTÉ DE DROIT DE PARIS
DIRECTEUR DE LA REVUE GÉNÉRALE DE DROIT INTERNATIONAL PUBLIC
ASSOCIÉ DE L'INSTITUT DE DROIT INTERNATIONAL

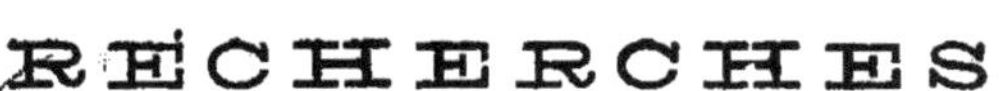

PARIS

A. PEDONE, ÉDITEUR
LIBRAIRE DE LA COUR D'APPEL ET DE L'ORDRE DES AVOCATS
13, Rue Soufflot, 13

1899

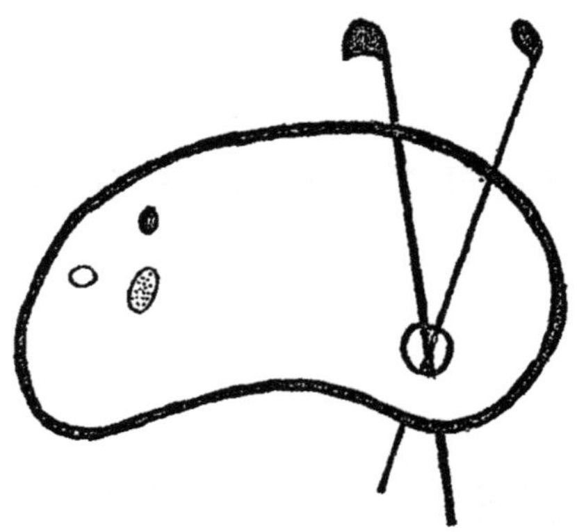

FIN D'UNE SÉRIE DE DOCUMENTS
EN COULEUR

RECHERCHES

SUR LES

DROITS FONDAMENTAUX DES ÉTATS

DANS L'ORDRE DES RAPPORTS INTERNATIONAUX
ET SUR LA SOLUTION DES CONFLITS QU'ILS FONT NAITRE

RECHERCHES

DROITS FONDAMENTAUX DES ÉTATS

DANS L'ORDRE DES RAPPORTS INTERNATIONAUX
ET SUR LA SOLUTION DES CONFLITS QU'ILS FONT NAITRE

PAR

A. PILLET

PROFESSEUR ADJOINT A LA FACULTÉ DE DROIT DE PARIS
DIRECTEUR DE LA REVUE GÉNÉRALE DE DROIT INTERNATIONAL PUBLIC
ASSOCIÉ DE L'INSTITUT DE DROIT INTERNATIONAL

PARIS

A. PEDONE, Éditeur
LIBRAIRE DE LA COUR D'APPEL ET DE L'ORDRE DES AVOCATS
13, Rue Soufflot, 13

1899

RECHERCHES

SUR LES DROITS FONDAMENTAUX DES ÉTATS

DANS L'ORDRE DES RAPPORTS INTERNATIONAUX

ET SUR LA SOLUTION DES CONFLITS QU'ILS FONT NAITRE

Ceci est une étude de pure théorie, étude qui porte, comme notre titre le montre assez, sur l'un des points les plus importants de la doctrine juridique internationale. Quels sont les droits fondamentaux des États ? Quel ordre faut-il établir entre eux ? A l'aide de quels principes doit-on résoudre les conflits qui peuvent surgir à leur occasion ? Telles sont les questions qui vont nous préoccuper dans cette dissertation. Elles appartiennent à la vérité à un sujet ancien et que beaucoup considèrent peut-être comme épuisé, mais nous espérons montrer qu'elles prêtent aussi à des idées nouvelles, idées susceptibles d'éclairer d'un jour puissant toute la théorie du droit des gens.

EXAMEN DES DROITS GÉNÉRALEMENT CONSIDÉRÉS COMME FONDAMENTAUX ENTRE ÉTATS.

1. Existe-t-il des droits fondamentaux dans les rapports réciproques des États ? — 2. Doctrine commune. Cinq droits principaux. — 3. Droit de conservation. Droit au respect extérieur. — 4. Droit d'égalité. Critique. C'est un pur fait et il n'a rien de nécessaire ni de constant. — 5. Droit au commerce international. C'est un fait. Il est la source du droit des gens tout entier.

1. Il semble que, dans la matière que nous avons choisie pour objet de ce travail, une question préalable s'impose d'abord à l'examen : les États ont-ils, dans leurs rapports fondamentaux, des droits qui existent par eux-mêmes, sans le secours d'une coutume ni d'un traité, des droits qui résultent de la force des choses, de la seule coexistence d'États civilisés (car nous ne nous occuperons que de ceux-là) liés par leurs besoins et engagés dans des rapports médiats ou immédiats de voisinage ? Et cette question peut être réputée douteuse si l'on se souvient que toute une école, nommée pour cela l'école positive, niait autrefois que les États puissent posséder entre eux d'autres droits que ceux que leur confère la lettre d'un traité ou l'influence d'une tradition ancienne et bien assise. Grotius (1) lui-même ne réservait-il pas le nom de droit des gens au seul droit international positif ? Nous négligerons cependant cette antique controverse, et tiendrons pour certaine l'existence entre États des rapports de droit qui ne dérivent d'aucune source positive, qui naissent de leur seule coexistence sur un espace limité, et des rapports de fait qu'elle occasionne nécessairement entre eux. La doctrine moderne

(1) Grotius, *Le droit de la guerre et de la paix*, Discours préliminaire, § 41 et liv. I, ch. I, § 14.

si divisée, si chancelante qu'elle soit, a cependant porté sur ce point une sentence unanime et reconnu l'existence de droits fondamentaux des États. Au reste, autrefois même la divergence existait plutôt dans les mots que dans les choses, et bien des partisans du seul droit international positif comblaient à l'aide d'un droit naturel de leur invention les lacunes qu'un semblable point de départ ne tardait pas à laisser apparaître dans leurs théories (1).

2. Ce premier point est donc acquis, et ne mérite pas de nous arrêter plus longtemps. Il existe entre États des droits fondamentaux, primitifs absolus, des droits qui appartiennent en tout temps à tout État dans ses rapports avec les autres. Mais quels sont ces droits? Ici des divergences commencent à se produire dans la doctrine. Chaque auteur dresse sa propre liste et il est à peu près sans exemple, que l'énumération de l'un soit identique à celle de l'autre. Cependant, au-dessus des dissentiments de détail et des diversités de formule, cinq droits principaux se dégagent, qui diversement présentés se retrouvent au fond de toutes les doctrines. Ce sont les droits de conservation, d'indépendance, d'égalité, de respect, et de commerce international.

Ce sont les cinq prérogatives essentielles des nations, les cinq branches de l'armature qui soutient le système général de leurs droits et de leurs devoirs réciproques. Ces cinq droits sont à l'heure actuelle la base du droit international tout entier (2). Quelle est la valeur de cette clas-

---

(1) C'est ainsi que Mably, qui n'a dans son ouvrage considéré le droit public de l'Europe qu'au point de vue positif des traités, dit, dans sa préface, que la connaissance du droit naturel est indispensable à l'intelligence de son livre. De même, G.-F. de Martens, l'un des plus éminents représentants de l'école positive, fait une large part au droit des gens universel dont il ne méconnaît nullement l'importance (*Préf. de l'éd. all.* de 1796, p. 13).

(2) Il serait sans grand intérêt de reproduire ici les classifications adoptées par les auteurs les plus connus. Elles se ressemblent surtout en ce qu'elles ne présentent le plus souvent rien de précis. On peut consulter sur ce point : Heffter, *Droit international de l'Europe*, § 26 à 34 ; Klüber, *Droit des gens moderne de l'Europe*, § 36 et 39 ; G.-F. de Martens, *Précis de droit des gens moderne de l'Europe*, p. 204 à 368 ; de Holtzendorff, *Handbuch des Völkerrechts*, t. II, p. 47 et suiv. ; Gareis, *Institutionen des Völkerrechts*, p. 76 et suiv. ; Funck-Brentano et Sorel, *Précis du droit des gens*, p. 32 et suiv. ; Chrétien, *Principes du droit international public*, p. 63 et suiv. ; Travers-Twiss, *Le droit des gens,*

sification ? A notre avis, cette classification est fort contestable, et a tout d'abord le tort de réunir et de placer sur la même ligne des éléments de nature et de fonctions fort différentes. A côté des droits incontestables et d'une importance capitale comme le droit de conservation, elle mentionne le droit au respect, également certain, mais tellement insignifiant au regard de son puissant voisin que l'on s'étonne à bon droit de les voir placés sur le pied de l'égalité. Par un défaut plus grave, cette classification, en proclamant le droit à l'égalité et le droit au commerce international, élève au rang de droit sanctionné et garanti par le *jus gentium* un pur fait qui ne présente aucun caractère de nécessité sociale, et par contre ravale au niveau d'une simple création du droit des gens un phénomène général qui peut justement passer pour la cause de l'existence du droit des gens plutôt que pour son effet. Enfin, elle a le tort d'élever à ce rang suprême un prétendu droit d'indépendance qui possède d'autant moins de titres à cette dignité qu'il n'existe même pas en fait, et qu'il ne peut pas exister dans le sein de la société des nations (1).

Si ces reproches sont fondés, et nous allons travailler à le démontrer, on nous concédera sans peine que cette classification est vicieuse et qu'il

t. I, p. 11 et suiv., p. 164 et suiv. ; Rivier, *Lehrbuch des Völkerrechts*, p. 163 et suiv. ; *Principes du droit des gens*, p. 255 et suiv. ; Pradier-Fodéré, *Traité de droit international public européen et américain*, t. I, p. 282 et suiv.; de Neumann, *Eléments du droit des gens moderne européen*, p. 30 et suiv. ; Bulmerincq, dans le *Handbuch des öffentlichen Rechts*, § 21 et suiv. BI, H B, II ; Calvo, *Le droit international théorique et pratique*, t. I, p. 264 et suiv.; F. de Martens, *Traité de droit international*, t. I, p. 387 et suiv.; Despagnet, *Cours de droit international public*, p. 157 et suiv. ; Bonfils-Fauchille, *Manuel de droit international public*, p. 116 et suiv. Cf. Heilborn, *Das System des Völkerrechts*, p. 279 et s.

Quelques-uns parmi eux compliquent encore la matière des droits fondamentaux des États en ressuscitant la distinction des droits parfaits et imparfaits, ceux-ci emportant la faculté de demander, ceux-là le pouvoir d'exiger. On se figure difficilement un droit qui est en même temps fondamental et imparfait. Du reste, cette vieille subtilité ne répond à rien de réel, et n'avait d'excuse qu'à une époque où l'on croyait pouvoir modeler le droit positif sur un droit naturel de pure invention. On pouvait penser alors qu'un droit était imparfait, s'il n'était pas conforme au type que l'on se faisait du droit naturel. En réalité on a un droit ou on n'en a point, et tout droit emporte avec lui le pouvoir d'obliger autrui.

Est bien arbitraire et inutile aussi la distinction des droits thétiques et des droits hypothétiques (Klüber, *loc. cit.*).

(1) Comp. Westlake, *Chapters on the principles of international law*, p. 3 et suiv.

est urgent de la répudier pour donner sa place à quelque autre principe plus conforme à la réalité des faits et plus capable de fournir une méthode claire et solide à la solution des conflits internationaux.

Reprenons donc un à un les divers droits fondamentaux que nous avons énumérés, afin d'exposer les critiques que nous suggère à leur égard la considération des véritables rapports des nations.

3. Du droit de conservation nous n'avons rien à dire à ce point de vue. Il est évidemment à sa place dans la catégorie des droits fondamentaux. Le droit international n'existe et ne peut exister qu'entre nations distinctes, séparées, vivant de leur vie propre, il doit donc écrire au fronton de son édifice que les nations ont le droit de se conserver et de prendre librement les mesures qui tendent à cet objet. Nous serons très bref également sur le droit au respect. Dans la doctrine commune on entend ce droit comme se référant au pur respect extérieur (1), c'est-à-dire comme imposant l'observation de certaines formes dans le commerce entre États, formes qui ne sont point dépourvues de sagesse et d'importance, car on comprend qu'un commerce pratiqué suivant tous les rites de la courtoisie la plus raffinée conduira plus sûrement au résultat attendu que ne pourrait le faire une négociation poursuivie sans aucun souci de la dignité de son adversaire (2). Le droit au respect est universellement reconnu et ponctuellement observé, même il serait souhaitable que les

---

(1) Au point de vue du droit international le mot respect est susceptible d'être pris dans deux sens différents. Il peut signifier le respect de la dignité de l'État ou le respect de sa souveraineté. C'est communément dans le premier de ces deux sens qu'il est employé par les auteurs, et alors ses conséquences sont purement extérieures et formelles. Certains jurisconsultes cependant unissent les deux notions ci-dessus distinguées, et imposent aux États l'obligation de ne pas gêner sans motif l'exercice mutuel de leur souveraineté (de Holtzendorff, *Handbuch*, t. II, p. 58 ; Gareis, *Institutionen des Völkerrechts*, p. 86 ; Funck-Brentano et Sorel, *Précis du droit des gens*, p. 47), mais aucun ne nous paraît avoir aperçu l'extrême importance de cette seconde acception du mot respect à notre point de vue.

(2) Le simple respect de la dignité de l'État conduit parfois, il faut l'observer, à des conséquences juridiques c'est-à-dire constituant entre nations de véritables droits et de véritables devoirs. Le respect de la parole de l'officier commandant un convoi est une forme du respect dû à la dignité de l'État que cet officier représente. Il a cependant, à notre avis, pour conséquence de rendre illégitime toute prétention à la visite des navires marchands convoyés. On sait que ce point est controversé.

nations s'abstinssent aussi soigneusement de toute injustice que de toute impolitesse. Mais il demeure malgré tout bien accessoire, bien évidemment gouverné par l'habitude, la tradition, et c'est exagérer que d'en vouloir faire un des droits fondamentaux des États, une pierre angulaire de l'édifice du droit international.

4. Il y a plus à dire du droit d'égalité, et à son sujet la classification que nous étudions pèche bien certainement contre la logique. Les États sont égaux entre eux. Cette règle est admise au moins par la doctrine, et l'on répète trop volontiers qu'il n'y a pas de différence au point de vue du droit entre l'Empire de Russie et la République de Genève. Cette affirmation a un premier et fort grand défaut : elle n'est pas juste. Les États ne sont pas égaux entre eux, pas plus au point de vue de leurs droits qu'à celui de leurs richesses et de leur puissance. D'abord, il n'existe aucune égalité de droits entre les États civilisés et les États non civilisés ou moins civilisés. Les premiers se gèrent constamment dans leurs rapports avec les seconds comme des supérieurs chargés de la mission de les faire entrer de gré ou de force dans les voies de la civilisation : à ce titre ils s'arrogent envers eux certains droits de direction, de contrôle et parfois d'administration que ceux-ci ne possèdent en aucune façon à leur égard (1). Entre la condition des uns et la condition des autres, il y a inégalité flagrante et cette inégalité est en la matière la véritable base de leurs relations.

Même entre États civilisés l'égalité dans les droits n'existe pas toujours. Nous n'entendons pas parler ici de questions de cérémonial et d'honneurs, mais bien de droits sérieux et effectifs. L'étendue des droits

(1) On peut constater au point de vue de la philosophie sociale le bien fondé de cette prétention des civilisés à une tutelle sur les non-civilisés (V. par exemple, J. A. Farrer, *Military manners and customs*, ch. VI, p. 156 et suiv.), mais c'est une querelle vaine en présence de ce fait que de tout temps les premiers se sont arrogé cette mission, et en ont fait un des phénomènes généraux de la vie de l'humanité. Au reste, à moins de se faire du but de l'existence du civilisé une idée absolument matérielle et terre à terre, à moins de rayer de son action légitime le nom même du bien, on est obligé de reconnaître son droit à la propagande vis-à-vis de races inférieures, ou seulement moins heureuses que la sienne. Cela n'empêche point que l'on doive regretter les nombreux abus auxquels cette mission a servi de prétexte.

internationaux d'un État dépend de la plénitude de sa souveraineté. Il est évident qu'un État partiellement soumis à l'autorité d'un autre État, et appelé pour cela mi-souverain (ou protégé), ne jouit pas dans ses relations extérieures de la mesure d'indépendance habituelle. Il est tout aussi clair qu'un État garanti n'est pas égal à son garant, un État perpétuellement neutre à un État dégagé de toute obligation de ce genre.

Allons plus loin encore. Les États dont la souveraineté est demeurée intacte ne sont pas eux non plus égaux en droits. Les principaux d'entre eux, ceux qu'on appelle les grandes puissances, ont accaparé en fait le gouvernement des grands intérêts communs (1). Ce sont eux qui décident des progrès du droit international positif, eux qui règlent les affaires présentant un intérêt général, eux qui se chargent d'écarter les dangers communs les plus pressants. De là, pour eux, une évidente supériorité *de fait* qui tend à se transformer en supériorité *de droit* par le respect de plus en plus grand que trouvent leurs décisions chez les intéressés qui, n'ayant pas été consultés, auraient le droit strict de les méconnaître (2).

Bien éloignée de l'égalité des livres, la vie publique ne nous montre qu'inégalités, et cela suffit déjà pour que l'on ne puisse pas dire que l'égalité est un droit absolu, fondamental des États. A un autre point de vue encore la critique trouve sa place. Entre États égaux, en quoi consiste l'égalité ? Apparemment en ce qu'ils jouissent tous des mêmes droits, et cette jouissance égale résulte elle-même non point d'un droit antérieur dont on n'apercevrait pas le fondement, mais de cette circonstance, que ces États, ne connaissant entre eux ni supérieur ni inférieur, se trouvent amenés par la force des choses à se concéder mutuellement

(1) Chrétien a bien aperçu ce rôle des grandes puissances, mais se montre sévère à leur endroit (*Principes de droit international public*, p. 174). Il est certain que les grandes puissances ont parfois commis de grandes iniquités, mais il est vrai aussi que nous leur sommes redevables des principaux progrès du droit international. Pour ne citer qu'un exemple, l'œuvre du Congrès de Vienne a été excellente à ce point de vue en dépit des erreurs qu'on peut lui reprocher d'avoir commises.

(2) On consultera avec fruit sur ce point le paragraphe intitulé « The political inequality of States and the Great Powers of Europe », dans Westlake,*Chapters on the principle of international law*, p. 92 et suiv.

des droits identiques. Ainsi l'égalité n'est pas pour eux la conséquence d'une loi sociale à laquelle l'existence ou la sûreté de leurs relations serait subordonnée, mais bien la suite d'un pur fait, l'identité de leur situation. L'égalité n'est pas, comme tendrait à le faire croire cette expression de droit à l'égalité, la source, la cause de leur identité de situation, c'est au contraire cette dernière qui constitue la cause de leur égalité, et la chose est fort importante, car, lorsque, sous l'influence de quelque événement, cette identité de situation vient à cesser, à sa suite s'évanouit l'idée d'égalité qui, si elle était un droit fondamental, devrait subsister jusqu'à la ruine complète de l'État.

5. Le droit au commerce international appelle des observations assez semblables et peut-être plus marquées encore. Existe-t-il un droit absolu au commerce international? Le point est fort douteux, il se discute dans nos écoles. En pratique, chaque fois que la question s'est posée, l'Europe l'a résolue dans le sens de l'affirmative, mais elle l'a résolue à coups de canon. Mais laissons cela. Aussi bien, ce n'est pas la célèbre question de savoir si des civilisés peuvent forcer les portes d'un État non civilisé que vise surtout cette expression de droit au commerce international. Elle s'applique avant tout aux relations constantes que les civilisés ont depuis fort longtemps entre eux. Ces relations font-elles, comme on l'affirme, l'objet d'un droit fondamental des États? A cette interrogation nous répondrons que le commerce international est un pur fait, mais un fait qui a donné naissance au droit international tout entier. Mais il y a quelque chose à ajouter à cela. Le commerce international est un fait nécessaire, nous n'en voulons d'autre preuve que celle-ci : il a toujours existé, il apparaît comme un phénomène constant dans l'histoire de l'humanité, et, à en juger par la marche actuelle des choses, le commerce universel a chance de survivre même aux États et au droit international. Cela étant, il est de peu d'intérêt de se demander s'il existe un droit au commerce international, mais ce que l'on ne saurait marquer avec assez de force, c'est que ce droit ou ce fait, le commerce international, est extérieur et antérieur au droit international. Il a existé avant notre science, et ce sont les besoins particuliers qu'il a développés

qui ont donné naissance à celle-ci. Loin d'attendre ses ordres, il l'a assujettie aux siens, car c'est toujours sur les conflits suscités par le commerce international que le droit des gens porte ses arrêts, et son unique objet, comme son unique raison d'être, est d'assurer, de faciliter les relations internationales (1). Les choses étant ainsi, rien n'est plus inexact que de considérer le droit au commerce comme un produit du droit international, comme une faculté qui lui devrait son origine et son maintien. Du commerce international, comme de l'égalité dans la mesure où elle existe, on doit dire qu'elles sont des vérités préétablies avec lesquelles notre science doit compter, des faits générateurs de ses règles, mais point du tout des lois qu'elle ait établies et qu'il lui soit loisible de supprimer (2). Il est donc d'une méthode vicieuse de les compter parmi les droits fondamentaux reconnus aux États par le droit des gens.

(1) On peut être tenté de mettre le fait du commerce international sur la même ligne que le fait de l'existence de l'Etat et de dire que, de même que ce dernier engendre dans les relations internationales le droit de conservation, le premier donne naissance à un autre droit fondamental que l'on appelle, faute d'une expression plus précise, droit au commerce international. Cette assimilation est superficielle et doit être rejetée. Elle méconnaît une différence essentielle qui est celle-ci. Le fait du commerce international a pour corollaire l'existence du droit international tout entier, car il n'est pas un des principes de notre science qui n'ait pour cause première le fait du commerce international. Le droit à l'existence au contraire n'a pas cette portée : en lui-même il n'est la cause d'aucun droit des nations entre elles, car on conçoit très bien (et cela s'est réalisé tant qu'est demeurée absolue la séparation des divers continents) que des nations vivent isolément sans le recours d'aucun droit commun. Le fait de l'existence n'engendre le droit de conservation qu'à raison de l'existence du commerce international. Le droit de conservation est un principe établi par le droit international, le droit au commerce international est en réalité la source du droit international lui-même envisagé dans sa totalité.

(2) A cette différence près que l, fait du commerce international est général et nécessaire alors que le fait de l'égalité est purement accidentel.

DU DROIT D'INDÉPENDANCE.

6. Droit d'indépendance. Sa place dans les classifications admises. Ses principales conséquences. — 7. Son développement logique. — 8. Ses atténuations. Elles sont inad-
missibles. — 9. Indépendance de l'État considérée comme simple présomption. Elle
contient fatalement une pétition de principes.

6. Nous avons gardé pour la fin le droit d'indépendance parce qu'il est
celui auquel nous avons à adresser les plus graves objections. Observons d'abord que, dans cette classe des droits fondamentaux des États, il
jouit d'une position privilégiée en ce sens qu'il n'existe pas de classification dans laquelle il ne figure en bonne place ; même plusieurs lui font
une situation prépondérante, et un jurisconsulte des plus estimés a cru
pouvoir rattacher au droit d'indépendance la théorie entière des droits
fondamentaux des États (1). Ce droit est entendu en ce sens que tout
État étant souverain est maître de faire ce que bon lui semble sur son
territoire, sans qu'il appartienne à un autre Etat de s'immiscer en quoi
que ce soit dans sa conduite. Cette notion de l'indépendance de l'Etat
est, on le voit, territoriale, et nous la considérons comme le dernier
reste de la théorie autrefois universellement acceptée de la pure territorialité du pouvoir de l'Etat.

Si bien établie qu'elle soit, nous n'hésiterons pas à attaquer de toutes

(1) M. Rivier, soit dans son *Lehrbuch* soit dans ses récents *Principes*, rattache à l'indépendance de l'État le droit international à peu près entier. Il se trouve ainsi conduit
à ce résultat au moins bizarre de traiter exclusivement sous le titre d'indépendance de
l'État des restrictions à cette indépendance, c'est-à-dire des cas où elle n'existe pas. Ses
développements sont fort instructifs, mais sa méthode nous paraît exactement le contraire de ce que devrait être une bonne méthode de droit international. Celle-ci s'atta-
cherait àrelier les diverses règles du droit des gens aux principes premiers dont elles
dérivent et non à un prétendu principe qu'elles contredisent par leur seule existence.

nos forces cette théorie de l'indépendance de l'Etat réputée loi fondamentale du droit international public, étant convaincu qu'elle est l'erreur la plus grave qui ait jamais été commise dans notre domaine, et que cette erreur à elle seule est responsable de la plus grande part des imperfections de notre science. L'Etat n'est pas indépendant ; s'il l'était, le droit international ne pourrait pas exister. Ce sont les deux points que nous allons essayer de démontrer.

Mais auparavant il n'est pas inutile de consacrer quelques développements à ce prétendu droit d'indépendance, ne serait-ce que pour rendre plus tangibles les objections que nous aurons ensuite à formuler contre lui.

L'État est souverain sur son territoire. Comme souverain il ne reconnaît pas de maître, et peut donc faire ce qui lui plait. L'État est indépendant dans la gestion de ses affaires intérieures, et, comme le principe étant accepté, il est difficile de ne pas le pousser jusqu'au bout, l'État est déclaré également indépendant dans la conduite de ses affaires extérieures. Le raisonnement paraît complet ; basé comme il l'est sur la souveraineté de l'État, on ne voit rien dès l'abord que l'on puisse lui objecter. De là son succès général. Le principe une fois sadmis domine la doctrine entière du droit international public. Les conséquences que l'on en déduit logiquement sont nombreuses, presque innombrables. Nous nous bornerons à rappeler les plus importantes d'entre elles.

1° L'État est indépendant ; donc il est maître de se donner le gouvernement de son choix, et d'adopter, sans pouvoir être influencé par·personne, le système de gestion de la chose publique qui lui convient le mieux.

2° L'État, en tant que personne indépendante, peut orienter à son gré la direction de sa politique, choisir librement ses alliances, se renfermer dans ses possessions européennes ou s'épandre au dehors au mieux de ses intérêts, participer à l'action collective des puissances dans les cas où elle se produit, ou au contraire lui demeurer étranger.

3° Il est contraire au droit des gens qu'un État prétende s'immiscer dans les affaires d'un autre État. De là le principe de non-intervention, principe d'origine purement politique et qui n'a été d'abord qu'une juste réaction contre la politique de la Sainte Alliance. On connaît la fortune que ce principe a obtenue dans l'Amérique du Nord, grâce à la doctrine de Monroe, et comment, par une ironie bien propre à faire douter de sa valeur, il n'a pas tardé à produire une intervention constante des États-Unis dans les affaires des autres États américains (1).

4° Chaque souverain est le maître absolu de n'appliquer sur son territoire que ses propres lois, de ne donner force qu'aux actes de ses fonctionnaires, et exécution qu'aux jugements de ses seuls magistrats. Dans cette partie de son domaine qui comprend les intérêts privés d'ordre international le principe d'indépendance a reçu plus particulièrement le nom de principe de la territorialité du droit. Il est l'écueil sur lequel, on peut le dire, vient échouer toute tentative de théorie du droit international privé.

5° L'indépendance de l'État a encore cette conséquence que le droit national, expression directe de sa volonté, a une autorité supérieure à celle du droit international, organe et expression des intérêts et des résolutions de la communauté internationale. Pour ne citer qu'une application de cette idée, nous dirons que, s'il arrive dans un pays que la lettre de la loi soit contraire à la lettre d'un traité international qui n'est pas lui-même une loi, c'est la loi qui doit l'emporter, quelques conséquences que cette solution puisse produire contre la communauté dans le sein de laquelle un pareil conflit vient à surgir.

6° Une dernière conséquence du même principe doit être mentionnée ici, car au point de vue de la méthode de notre science elle l'emporte sur toutes les autres. Chaque fois qu'un doute existe sur l'étendue des obligations d'un État à l'égard des autres, ce doute doit être tranché contre l'obligation alléguée par la force prépondérante du principe de

(1) Sur la doctrine de Monroe, V. une monographie récente de M. Maurice Delarue de Beaumarchais, Paris, Larose, 1898. Il est à peine besoin de remarquer que depuis peu de temps la doctrine de Monroe a pris une direction plus menaçante encore pour l'Europe par le fait de la guerre hispano-américaine et de l'annexion d'Hawaï. On notera aussi que dans le cours de ces dernières années les États-Unis ont affecté d'intervenir dans les affaires qui n'avaient rien d'américain, dans la question arménienne par exemple.

l'indépendance de l'État sur son territoire. Tous ceux qui cultivent le droit international savent bien quel grand usage on a coutume de faire de ce procédé d'argumentation, procédé commode en vérité, car il supprime jusqu'à la possibilité de la controverse. Un État doit-il, en l'absence de traité, l'extradition des malfaiteurs étrangers? Non, cela serait contraire à son indépendance. Un État riverain d'un fleuve international est-il obligé de tolérer dans les eaux enserrées par son territoire la navigation d'autrui? Non, car il possède un domaine exclusif sur tout son territoire. Un État est-il obligé de garder quelque mesure dans sa conduite envers les étrangers qui peuplent ses terres? Non, car il est chez lui le seul maitre, le souverain absolu, et ainsi de suite. Ne reconnait-on pas à ces exemples le mode de raisonnement habituel à notre science, mode facile sans doute mais illusoire et puéril à l'excès. Comme dans la littérature écrite pour le jeune âge et où l'on voit invariablement le vice puni et la vertu récompensée, ce droit international, très jeune aussi, logiquement conclut toujours au triomphe du souverain territorial intéressé dont le droit est le seul bon, le seul juste, le seul incontestable. C'est d'une simplicité enfantine, et l'on aperçoit clairement qu'avec un pareil principe il ne peut exister de doute sérieux que touchant les questions qui se posent loin de tout territoire organisé, en pleine mer par exemple, ou bien encore sur quelque plage déserte, et que viennent se disputer les convoitises de plusieurs. Tout le reste peut être matière à traité, mais en dehors de la lettre du traité, il n'existe pas et ne peut pas exister de limite à la prépondérance du souverain territorial.

7. Et même, le principe une fois admis, le seul reproche que l'on puisse faire à ses adeptes est qu'ils se montrent trop modérés. Il en est peu qui n'admettent parfois que l'indépendance de l'État doit céder aux préceptes du droit international. On n'en trouverait pas par exemple qui ne proclame qu'une foi complète est due aux traités. En cela ils ont tort, ils ne sont pas conséquents avec eux-mêmes. Si l'indépendance est, comme ils le disent, un droit fondamental, essentiel de l'État, le droit des gens lui-même doit se plier aux exigences de cette indépendance. Que ses lois résultent de la coutume, ou de la lettre d'un traité, ou de la sim-

ple logique des faits, il importe peu : aucune d'elles ne peut prévaloir sur l'idée fondamentale de l'indépendance de l'État. Donc les traités les plus formels pourront être violés le lendemain de leur signature, les droits les plus sacrés de l'humanité pourront être méconnus en la personne des étrangers, les intérêts les plus évidents de la communauté internationale pourront être négligés, et cela non pas exceptionnellement et dans des hypothèses rigoureusement déterminées, mais arbitrairement, toutes les fois que l'État le voudra, parce qu'avant tout il est indépendant sur son territoire, et qu'on ne peut lui faire le moindre reproche pour avoir usé d'un droit qui chez lui est fondamental.

Si donc un voisin s'irrite d'une manifestation de cette indépendance dont il a souffert par lui-même ou par ses sujets, il a tort, et si la communauté internationale interpose son action dans ce conflit, ce ne sera pas pour mettre un terme à l'injustice commise, mais pour garantir son auteur du châtiment qui le menace, et pour le mettre à même d'en commettre de nouvelles quand il lui plaira.

On nous taxera sans doute d'exagération, aussi allons-nous nous hâter de faire voir que nous sommes demeuré dans les voies de la logique la plus rigoureuse. Il suffit pour cela de rapprocher le droit fondamental d'indépendance d'un autre droit fondamental, certain celui-là, le droit de conservation.

N'est-il pas vrai et admis de tous qu'un État peut faire tout ce que requiert le soin de sa propre conservation. Les traités les plus formels ne perdent-ils pas leur force quand il est démontré qu'une obéissance plus longue à leurs prescriptions entraînerait la ruine de la nation ? Un État ne peut-il pas recourir à des mesures que réprouve l'humanité telles que, par exemple, l'expulsion en masse des étrangers, ou de certaines catégories d'entre eux, lorsque l'intérêt supérieur de sa conservation l'exige ? Et la voix de la communauté internationale sera-t-elle jamais assez puissante pour persuader à un peuple de lui sacrifier sa propre existence ? Voilà donc bien un véritable droit fondamental des États, droit devant lequel les autres États doivent s'incliner à la seule condition que son exercice soit justifié, et nous voyons se produire ici de l'aveu de tous ces con-

séquences extrêmes qui étaient absurdes lorsque tout à l'heure nous les
rattachions au droit prétendu d'indépendance. On reconnaitra cependant
que si l'indépendance comme l'existence est pour les États l'objet d'un
droit fondamental, ces deux droits doivent entrainer la possession de
prérogatives égales.

Nous observons même que le droit d'indépendance, s'il devait être
reconnu, serait infiniment plus dangereux que le droit de conservation,
parce que ce dernier présente un élément objectif qui demeure étranger
au second. Le droit de conservation a un objet précis, assurer l'existence de l'État, et cette sorte de toute-puissance qu'il confère à la nation
a au moins ses limites ; elle constitue un abus et n'est plus respectable
lorsqu'il n'est pas démontré que l'on en use pour le salut de la patrie.
La notion d'indépendance est entièrement subjective et par là même illi-
mitée. C'est le pouvoir de faire ce que l'on veut, sans restriction, sans
contrôle possible. On voit aisément par là de quels dangers il menace la
communauté internationale. La réserve d'un droit semblable est en réalité incompatible avec toute sûreté des relations des peuples entre eux.
Elle empêche que l'on puisse compter sur quoi que ce soit, elle conduit
fatalement à la négation même de tout droit entre les États aussi bien
qu'entre les individus.

8. On objectera sans doute que l'indépendance absolue dont nous parlons n'est pas celle que reconnaissent et proclament les auteurs. L'indépendance des Btats, dira-t-on, est une indépendance limitée et renfer-
mée dans de certaines proportions. La preuve en est que fort souvent les
États trouvent avantage à renoncer sur certains points à cette liberté, et
à s'engager dans les liens d'un traité, que, même en dehors de tout traité,
leur liberté trouve sa limite dans le respect de la personnalité et de la
liberté d'autrui, qu'ainsi les lois de la neutralité qui n'ont rien de conven-
tionnel sont nées du respect de la liberté que possèdent les nations étrangères de vider par les armes leurs différends, que de même l'inviolabilité
universellement reconnue à l'ambassadeur est une forme du respect de
la personnalité de l'État voisin. Et l'on conclura que l'indépendance n'appartient à l'État que dans une certaine mesure, et réserve faite des obli-

gations qu'il a contractées, ainsi que de celles qu'une coutume invétérée ou une nécessité reconnue le contraignent à subir. Le droit des gens lui-même n'est-il pas la vivante preuve de cette nature limitée et condition-née du droit d'indépendance des États ?

Ces restrictions sont justes, très justes, et nous nous empressons d'y souscrire, mais ce que nous voulons faire voir c'est qu'elles ne sont compatibles ni avec la notion abstraite de l'indépendance, ni avec l'usage quotidien que fait le droit des gens de cette notion.

Le mot d'indépendance répond nécessairement à une idée absolue. C'est l'état de celui qui ne dépend de personne et peut faire ce que bon lui semble dans le domaine des choses qui lui sont matériellement pos-sibles. On est indépendant ou on ne l'est pas, une indépendance limitée est déjà de la dépendance. Aussi, lorsque l'on dit que l'État est indépen-dant sur son territoire, cela signifie qu'il peut y faire ce qu'il veut ou cela ne signifie rien du tout. Et c'est bien ainsi en effet qu'on l'entend dans l'interprétation. Chaque fois que pour fixer un point mis en ques-tion on fait appel à l'indépendance de l'État, on l'invoque comme prin-cipe absolu, toujours présent, toujours compétent, et l'on se garde de rechercher si l'on se trouve dans le champ de cette indépendance ou dans le domaine de ses limites, car ce serait trop évidemment résou-dre la question par la question. Rien de plus facile que de faire toucher du doigt le vice de cette méthode. On se demande par exemple si un État est obligé d'accorder libre parcours de son territoire aux sujets et aux produits d'un État étranger. On pourra répondre négativement à cette question en alléguant l'indépendance de l'État, mais on sera forcé de prendre ce mot d'indépendance dans son sens absolu, car autrement il faudrait se demander si cette faculté de libre parcours est dans le do-maine de l'indépendance de l'État ou dans celui des restrictions que commandent les intérêts du commerce international : or cela est précisé-ment le point en litige. Toutes les questions du droit international que l'on prétend résoudre en invoquant l'indépendance de l'État sont semblables à celle-ci, et toutes ne peuvent être résolues qu'en donnant au mot indépendance un sens absolu conforme, il est vrai, à la nature abstraite de cette notion, mais absolument insoutenable dans l'état présent des relations internationales.

On voit à quel abus prête ce double sens du mot indépendance. Pris dans un sens relatif et limité, il représente une idée exacte mais ne fournit aucun secours à la méthode du droit des gens ; pris dans son véritable sens, absolu et complet, il est susceptible de décider les questions de notre ressort, mais le malheur est qu'il ne représente rien de réel, rien qui existe ou qui puisse exister. Dans tous les cas, c'est une grave faute contre la systématique de présenter comme un droit fondamental des États une qualité qui chez eux est imparfaite, limitée et susceptible en outre de s'évanouir par la volonté de la personne dont elle est, à ce que l'on prétend, un attribut essentiel (1).

9. Peut-être essaiera-t-on d'échapper à cette critique en disant que l'indépendance des États existe comme présomption (2), et tant que la preuve contraire n'est pas administrée. Cette explication serait déjà bien éloignée de l'idée de l'indépendance, droit fondamental, primitif, absolu

---

(1) On comprendrait mal l'unanimité des auteurs à faire de l'indépendance un droit fondamental des États si l'on ne remarquait qu'ils y ont été aidés par la confusion de deux notions bien différentes : le droit à l'existence et le droit à l'indépendance. Qu'un État reconnu ait le droit de maintenir intacts les organes qui lui permettent d'exister et de remplir ses fonctions d'État souverain par lui-même et sans emprunter le secours d'autrui, cela est certain, et il n'est pas de nécessité internationale imaginable qui soit plus forte que son droit. Mais on n'est pas fondé à conclure de là que les États ont le droit d'agir en toute liberté et sans subir aucune loi, qu'ils sont indépendants, lorsqu'en droit comme en fait, dans notre état social, ils ne le sont pas. La langue allemande a deux mots voisins qui, étymologiquement au moins, ont un sens différent, les mots *Selbstständigkeit* et *Unabhængigkeit*. Le premier représente la qualité de pouvoir vivre de soi-même, par ses propres ressources (selbst stehen), le second celle de ne dépendre de personne. Nous dirons volontiers que les États sont selbstændig mais non pas unabhœngig. Il ne paraît pas du reste que les auteurs allemands aient jamais fait cette différence dans l'emploi de ces deux mots.

(2) C'est l'idée développée notamment par de Holtzendorff (*Handbuch*, t. II, p. 59) qui enseigne que l'indépendance de l'État existe partout où elle n'est pas expressément bornée par quelque principe de communauté ou par les traités. Cette formule est juste et se réalise non par l'autorité d'une présomption, mais par la force des choses. Elle se réduit à dire que l'État jouit de la liberté que lui laisse le droit international. Mais on remarquera aussi que comme principe méthodique elle est complètement insignifiante, et ne nous aide en rien à déterminer les rapports juridiques des États.

des États. Elle a de plus d'autres défauts. Comment admettre une présomption quelconque entre personnes qui ne sont reliées les unes aux autres par aucune loi écrite, et, en admettant même qu'une semblable présomption pût exister, comment en connaître les limites ? Ces limites, seul le droit des gens peut les fixer en disant dans quels cas et dans quelle mesure les États sont obligés les uns envers les autres. Faire intervenir le prétendu principe d'indépendance pour décider des questions du droit des gens, c'est donc évidemment faire reposer sur une pétition de principes tout le système des droits réciproques des nations. Quand par exemple on se demande si un État a le droit d'exclure les navires étrangers de ses eaux territoriales, on ne peut reconnaître ce droit à la puissance territoriale en invoquant la présomption de son indépendance qu'en négligeant entièrement le point de savoir si le droit des gens ne pose pas sur ce point une limite à la dite présomption. Recourir à ce semblant de raison, ce n'est pas justifier une solution, c'est la trancher par pure affirmation.

Quelque sens que l'on donne donc au droit d'indépendance, qu'on le considère comme un droit absolu ou seulement comme une présomption susceptible d'être combattue par la preuve contraire, le résultat est le même : il est incompatible avec le droit des gens, et toute doctrine qui se laisse aller à la faute de l'invoquer dans l'appréciation des rapports des peuples entre eux contient en puissance la négation complète du droit international.

§ III

CRITIQUE DU PRÉTENDU DROIT D'INDÉPENDANCE DE L'ÉTAT.

10. Examen des rapports véritables des États. Relations internationales privées. Relations internationales publiques. — 11. Existence nécessaire de deux systèmes de droits. — 12. Ordre respectif de ces deux systèmes. — 13. Signification de la territorialité de l'État. — 14. Conflit de la souveraineté territoriale et de la souveraineté personnelle. — 15. Dépendance mutuelle des États Ses conséquences. — 16. Appréciation de l'interdépendance des nations.

10. La vérité est que le prétendu droit d'indépendance de l'État n'existe pas, ou, ce qui revient au même à notre point de vue, qu'il n'existe que sous la réserve des droits de la communauté internationale, sous la réserve du droit des gens. On se convaincra de la vérité de cette affirmation en examinant quels sont les rapports réels des nations entre elles.

A l'heure actuelle la vie des nations civilisées n'est plus exclusivement nationale, elle est pour partie nationale, pour partie internationale. Chaque État favorise et protège le commerce de ses sujets avec les sujets de l'étranger, parce que ce commerce est à la fois le moyen unique de faire profiter chaque communauté particulière des avantages quelconques que possèdent les autres communautés, et le ressort qui pousse à son plus haut degré l'activité des habitants du pays, en assurant le débouché le plus large possible aux produits de leur industrie. Le commerce international n'est pas seulement la source de commodités, de gains, il réalise à un point de vue plus élevé le maximum de liberté dont l'homme peut jouir, fait vraiment de la terre son patrimoine, et remédie ainsi aux inconvénients de la séparation politique, conséquence inéluctable de la diversité des États. On se rendra compte de l'énormité de la transformation qu'ont subie les nations à ce point de vue, si l'on réfléchit que plusieurs centaines de milliers d'étrangers vivent sur notre territoire, que des millions d'autres l'utilisent soit pour leur passage, soit pour une résidence de quelque durée, enfin qu'il n'est pas chez nous de bourgade si perdue qu'elle n'emprunte au commerce international une portion notable de ses consommations quotidiennes. Faut-il faire observer en outre que des territoires immenses ne se sont peuplés que grâce à l'émigration, que le nombre des étrangers est tel dans certains pays qu'ils y suscitent un véritable danger national. Ces faits et d'autres semblables montrent bien l'intensité qu'a pris à notre époque ce que j'appellerai la vie internationale ; ils démontrent péremptoirement aussi par leur fréquence, leur intensité, leur généralité, que cette vie internationale répond à un besoin de la nature humaine, besoin aussi certain, aussi pressant que ce besoin de sûreté qui dans d'autres temps a amené la formation des États.

Mais ce n'est pas encore tout. Au-dessus de ce tissu serré de relations internationales d'ordre individuel et privé, s'est formé un filet plus large de relations des États entre eux, c'est ce filet supérieur qui nous intéresse plus particulièrement. Sa formation me parait pouvoir être attribuée à deux causes principales, la nécessité d'assurer l'existence de l'État en entretenant des relations paisibles avec les communautés étrangères, et aussi la nécessité de protéger l'expansion internationale des individus et des groupes en prêtant à leur activité, à leur esprit d'entreprise, l'appui constant et la haute influence du pouvoir souverain, seul capable de traiter d'égal à égal avec les communautés étrangères. C'est ce qu'a fait l'État, et, en le faisant, il est resté fidèle à son rôle de gardien de l'intérêt public, car l'intérêt privé, lorsqu'il est général, lorsqu'il se retrouve identique chez tous les membres de la collectivité, devient bien certainement un intérêt public (1).

Pour atteindre l'un et l'autre de ces deux objets, l'Etat devait travailler à l'élaboration de certaines règles générales, respectueuses des principes éternels de la justice, ménagères des intérêts de chacun, favorables au développement des énergies individuelles c'est-à-dire au progrès. Ces règles dont il est si facile d'apercevoir la fonction sociale et la raison,

(1) « The duties and rights of States, dit bien Westlake, are only the duties and rights of the men who compose them » (*Chapters on the principles of international law*, p. 78).

qu'il est si difficile cependant de formuler exactement, sont précisément le droit international public.

11. Ainsi donc chaque Etat vit d'une double vie, d'une vie nationale et d'une vie internationale, l'une et l'autre, j'ose le dire, également indispensables à son existence. A sa vie nationale correspond le droit national, à sa vie internationale le droit international. Evidemment la position de l'Etat par rapport à chacun de ces deux systèmes de droit n'est pas la même. Dans l'élaboration de son droit national l'Etat est vraiment souverain, et l'on s'habitue à le considérer comme un maître absolu. Bien que cette idée ne soit pas philosophiquement très exacte (1), nous pouvons l'admettre ici, et nous joindre à ceux qui proclament l'indépendance de l'Etat dans la formation de son droit national. Mais, dans la sphère du droit international, il n'en est certainement pas de même. Ce droit est le résumé des intérêts communs aux Etats dans leurs mutuelles relations, il est la loi de la société internationale, et, dans cette société, l'Etat cesse d'être le maître pour devenir un simple membre de l'association, un sujet. Sujet de qui ? dira-t-on, puisque cette société est une réunion d'égaux et n'a pas de souverain. L'État est le sujet des intérêts communs de cette société. Ces intérêts ne sont point sans doute ici séparés, personnalisés, fixés sur la tête d'un souverain comme cela a lieu dans une république ou dans une monarchie, mais ils n'en existent pas moins par le fait du commerce international, ils n'ont pas moins le droit de commander parce qu'ils répondent à des besoins sociaux

(1) Il nous semble que l'on va trop loin quand on dit que l'Etat est absolument libre dans le choix de ses institutions nationales. Bien que le souverain ait pour privilège de déterminer lui-même sa compétence, sa liberté à cet égard est réduite par l'obligation de tenir compte des trois facteurs suivants : 1o la nécessité d'observer certaines formes d'autant plus solennelles et compliquées que les institutions en question sont socialement plus importantes, nécessité qui s'allie mal avec une liberté pleine et entière ; 2o le devoir de respecter certains droits individuels particulièrement sacrés, les droits publics de l'homme au sens étroit du mot ; 3o l'obligation permanente quoique non écrite de satisfaire aux besoins en vue desquels les institutions ont été créées, obligation corroborée par la certitude de supporter les maux que produiraient des institutions mauvaises. Le souverain, à notre avis, possède dans l'élaboration de sa législation intérieure plutôt l'illusion de la liberté que la liberté elle-même.

nombreux, réels et pressants, en tout semblables à ces besoins intérieurs qui constituent (1) la justification rationnelle de l'autorité des lois nationales. Dans l'élaboration de ce droit international chaque État a voix au chapitre, mais aucun n'y a une voix prépondérante : pour que la loi existe il faut qu'elle obtienne expressément ou en fait l'assentiment général, car, à défaut d'une constitution commune, la majorité ne peut lier la minorité ; mais, cet assentiment une fois obtenu, la loi est parfaite, étant née d'un besoin commun, et ayant été portée du consentement unanime de ceux qui sont appelés à subir son autorité.

12. L'État est donc tenu de respecter deux systèmes de droit, son droit national qu'il a créé, le droit international qu'il a contribué à créer. Quel ordre doit être établi entre ces deux obligations, quelle est d'entre elles celle qui doit dominer l'autre ? Toute la question de l'indépendance de l'État est dans cette question. A considérer impartialement la situation telle que nous venons de l'exposer, telle qu'elle existe, je ne crois pas que la question puisse rester un instant douteuse. L'autorité du droit international est supérieure à celle du droit national, supérieure même à la prétendue toute-puissance du législateur. Il nous suffira pour le démontrer de rappeler le double objet de notre science. Elle assure l'existence paisible de l'État, elle garantit la pratique constante du commerce international, et procure par là ce que l'on peut appeler l'alimentation quotidienne de l'État, ce mot d'alimentation étant pris dans son sens le plus large, et aussi le plus relevé. En d'autres termes, le droit international règle et garantit les conditions extérieures sans lesquelles l'État ne pourrait pas exister, et par suite ne pourrait pas exercer sa souveraineté intérieure. N'est-il pas naturel et nécessaire que les sacrifices qu'il requiert s'imposent avant tout, et priment même la volonté du pouvoir souverain ? Retenu dans les mailles de ce grand filet dont nous parlions tout à l'heure, l'État jouit de la certitude du maintien de son

(1) Gareis observe justement que la communauté internationale ne formant pas une personne distincte, les Etats sont ses représentants fonctionnels et juridiques. Ils sont représentés eux-mêmes par les personnes investies d'une mission publique (*Institutionen des Völkerrechts*, p. 77).

existence et du bénéfice de ces communications extérieures qui lui sont indispensables, mais encore faut-il qu'il ne brise pas ces mailles, et ne se place pas par son fait hors de la commnunauté internationale (1).

Les lois diverses n'ont de gradation raisonnable que celle qui est mesurée sur leur importance sociale. A ce titre la nôtre doit passer la première, puisque c'est son observation qui permet aux autres lois de régner et de produire leurs effets (2).

Le droit international vient donc normalement avant les lois nationales, et l'on voit alors que cette prétendue indépendance de l'Etat n'est autre que le pouvoir de se mouvoir librement dans les limites fixées par le droit international.

13. La situation étant telle que nous venons de la définir, quelle place devons-nous faire au pouvoir territorial de l'Etat ? Que ce pouvoir existe, nul n'en peut douter. A l'Etat seul appartient le droit de commander et de défendre sur son territoire, à lui l'organisation des magistratures, à lui la direction de la force publique, à lui le soin de l'administration. Il est incontestablement au moins le seul agent visible de la puissance publique, le maître apparent (3) : est-on fondé à en conclure, comme on le fait d'habitude, qu'il est effectivement le seul maître réel, le souve-

(1) Quelques objections que l'on puisse élever contre la pratique des blocus pacifiques (V. à ce sujet le remarquable ouvrage de notre collègue et ami Fauchille, *Du blocus maritime*, p. 38 et s. Paris, Rousseau, 1882), il faut reconnaître qu'en cas de violation du droit international, il constitue la sanction la plus adéquate à l'offense commise. Une nation viole le droit des autres, on la punit en la privant de tout ou partie des bienfaits du commerce international ; elle a péché contre la communauté internationale, on la retranche momentanément de cette communauté. Pour cette raison, et aussi parce que toute sanction efficace du droit des gens vaut mieux que la guerre, nous inclinons à considérer la pratique de ces blocus comme un progrès fort sensible.

(2) Je ferai volontiers la comparaison suivante : de même que le mécanisme intérieur d'une machine serait privé de l'effet que l'on en attend si l'on n'avait soin de placer la machine qui le contient dans un état d'équilibre stable qui la mette à même de résister à toute perturbation due à l'action des forces extérieures, de même le fonctionnement des institutions intérieures ne sera assuré qu'autant que l'État, par une observation constante de ses devoirs internationaux, leur aura procuré l'équilibre indispensable à leur libre jeu.

(3) Au regard du droit international, les souverains particuliers sont des mandataires de la communauté chargés de faire exécuter ses lois chacun dans son district, et si

rain absolu, qu'il peut y faire ce qu'il veut sans excéder jamais son droit au regard des puissances étrangères, et inversement que, sa frontière une fois franchie, il est dépouillé de tout pouvoir, de toute souveraineté ? L'État devient-il hors de son territoire, suivant l'expression de d'Argentré, une pure personne privée ?

14. Cette théorie est erronée parce qu'elle est en contracdiction absolue avec le fait du commerce international. Si l'on considère l'exercice de la souveraineté, par rapport aux sujets résidant sur le territoire, aux choses qui y sont situées, aux actes qui y ont été accomplis, elle peut être maintenue, et il est vrai de dire que l'État est un maître absolu. Cela est vrai au moins au regard des puissances étrangères, car s'il existe à l'intérieur des limites à la toute-puissance de l'État, ces limites du moins ne concernent en aucune façon les États tiers, et ne peuvent pas servir de raison ou de pré_texte à une action de leur part qui tendrait à contrecarrer la souveraineté de l'État territorial (1). En ce sens et dans cette hypothèse le principe de non-intervention est bien un principe de droit positif et certain. Mais il n'en est plus de même dans le domaine des relations internationales qui est le nôtre. Ici l'autorité territoriale de la souveraineté vient infailliblement et dans tous les cas se heurter à une souveraineté personnelle, lien de droit public qui unit le souverain à son sujet et suit ce dernier en tout lieu, aussi longtemps qu'il ne cesse pas d'être le sujet de ce souverain. De ce heurt naissent les conflits internationaux. Ce lien personnel de souveraineté est moins visible que le lien territorial, parce qu'il ne se traduit

leur mandat est territorial, c'est que le maintien de l'ordre exige absolument l'unité de l'autorité chargée de les faire respecter. La territorialité de l'État n'a pas, à notre sens, d'autre raison d'être que celle-là ; elle n'est pas plus opposée à l'autorité d'une loi commune que la juridiction territoriale de nos tribunaux n'est incompatible avec le système de l'unité de législation.

(1) Encore faut-il noter une restriction au principe posé au texte. S'il arrive qu'une nation viole en la personne de certaines classes de ses sujets les droits de l'humanité, il est du droit et du devoir des autres nations d'intervenir fut-ce par la force et de la rappeler au respect des droits de l'humanité. Rien n'est plus légitime, à notre avis, que la protection accordée par l'Europe aux sujets chrétiens du Sultan. Une seule chose est regrettable, c'est que cette protection ne soit pas plus efficace (Comp. notre article sur le *Droit international public, ses éléments constitutifs, son domaine, son objet*, dans la R. D. I. P., t. I (1894), p. 1 et suiv.).

pas par un déploiement direct et immédiat de la force publique. Il n'en est pas moins toujours existant, il est facile de le démontrer. Dès que l'État consent à recevoir sur son territoire un étranger en lui reconnaissant sa qualité d'étranger, il admet par la force des choses et sans équivoque possible sur son territoire la souveraineté de l'État étranger auquel cet homme appartient. Dans sa qualité d'étranger l'État territorial reconnaît le lien qui rattache cet individu à sa patrie, la souveraineté que cette dernière conserve sur lui, et qui est l'essence même de ce lien. Impossible d'échapper à cette conclusion juridique du simple fait de l'admission d'un étranger sur le territoire (1). C'est pour cela que les questions qui concernent les droits de l'étranger sur le territoire de chaque pays sont avant tout des questions de droit international public (2). De même, lorsqu'un État permet l'expatriation même temporaire d'un de ses sujets sans lui infliger la peine de la perte de sa nationalité d'origine, il entend conserver sur lui sa souveraineté, et cet expatrié dans ses pérégrinations à travers le monde transportera perpétuellement avec lui son allégeance à son pays d'origine.

Nous avons choisi ces exemples parce qu'ils sont les plus élémentaires et les plus frappants, mais combien le phénomène que nous venons de signaler n'est-il pas plus tangible encore si du domaine des intérêts de l'individu, nous passons dans celui des intérêts des groupes. Voici les questions d'émigration par exemple. Elles intéressent évidemment le pays d'origine des émigrés, et peuvent influencer singulièrement l'étendue et la puissance de sa souveraineté, non pas de sa souveraineté territoriale sans doute, car son territoire reste intact, et on ne pourrait le dire diminué qu'en réputant l'homme partie intégrante du sol (ce qui

---

(1) On essaierait en vain d'éviter cette conséquence en disant que les étrangers dans l'État peuvent former une classe particulière ou inférieure sans que l'établissement de cette classe implique reconnaissance des droits que possèdent sur eux leurs souverainetés nationales respectives. Il restera toujours vrai que le seul motif de leur différenciation réside dans leur qualité d'étrangers, c'est-à-dire de sujets d'une puissance étrangère dont la souveraineté ne peut plus dès lors être rationnellement méconnue.

(2) V. en ce sens un excellent article de M. Thomas sur *La condition des étrangers et le droit international*, dans la R. D. I. P., t. IV (1897), p. 620 et suiv.

nous ferait remonter bien haut), mais de sa souveraineté personnelle qui varie naturellement suivant le nombre et la qualité de ses sujets. L'émigration ne concerne pas moins les intérêts publics du pays où se rendent les émigrés,et sa souveraineté en tant que représentante de ces intérêts publics. Encore une question par conséquent qui va mettre aux prises deux souverainetés différentes. Il en est de même des problèmes internationaux qui concernent une classe entière de la population d'un pays, la classe des commerçants par exemple. Il n'est pas douteux que les divers intérêts que présente pour eux la pratique du commerce international constituent des intérêts publics à la fois au regard du pays aux besoins duquel leur industrie doit pourvoir, et au regard des pays sur le territoire desquels cette industrie va s'exercer. Plusieurs souverainetés seront, dans tous les cas, conduites à prendre part à la solution de ces problèmes.

A plus forte raison encore, il en est ainsi des grands problèmes qui concernent directement les nations entières. Sur ce point, la vérité est reconnue depuis longtemps ; mais ce que l'on doit bien observer, c'est que l'on a commis une erreur en considérant les seules questions qui mettent directement en jeu le sort de nations entières comme contenant des conflits de souverainetés. Ce caractère est en réalité commun à toutes les questions qui naissent du commerce international, ne fussent-elles relatives qu'à un groupe limité ou à un seul individu.

Remarquons maintenant que les souverainetés que l'on trouve au fond de tout problème juridique international sont des souverainetés distinctes, vivant de leur vie propre, ne reconnaissant pas de supérieur commun. Dès lors il est impossible de les classer par ordre d'importance, et de dire que la souveraineté territoriale est supérieure à la souveraineté personnelle, et que cette dernière doit céder devant elle, comme dans un seul et même pays une juridiction supérieure peut plier à ses ordres une juridiction inférieure. Entre deux pouvoirs tous deux incontestables, tous deux reconnus, une hiérarchie est impossible si elle n'émane pas d'un troisième pouvoir supérieur aux deux premiers. Cela se passe de démonstration, et s'il n'existait pas à notre disposition d'autre ressource qu'une prétendue gradation entre des souverainetés d'origine différente, il faudrait renoncer au commerce international ou se résigner à subir les inconvénients de conflits insolubles. Ou bien il faudrait dire que, dans chaque cas l'Etat le plus fort l'emportera : c'est malheureusement ce qui se passe bien souvent, mais c'est ce que le droit international veut avec raison éviter.

15. Il nous semble résulter de là que, loin d'être indépendants les uns des autres, les Etats sont au contraire dans le commerce international soumis à un état de perpétuelle dépendance, dépendance caractérisée par ce fait que chaque souveraineté trouve devant elle sur ce terrain une souveraineté égale avec laquelle elle ne peut même pas se mesurer, n'étant pas d'origine commune. La véritable situation des Etats dans le commerce international est, on l'a dit avec raison, une situation d'interdépendance.

Et l'on voit par là quelle grave erreur commettent ceux qui, à tout propos, prétendent trancher les difficultés que fait naître le commerce international en faisant appel à l'indépendance de l'Etat. Ils invoquent l'indépendance de l'Etat, et dans les relations internationales l'indépendance de l'Etat n'existe pas. Ils donnent pour base à leur théorie une notion abstraite qui se trouve en contradiction flagrante avec la réalité des faits. On devine aisément à quelles méprises on s'expose en adoptant une semblable méthode.

L'indépendance de l'Etat n'existe pas, telle est la conséquence fatale de l'existence du commerce international ; et par suite, nous verrons s'écrouler une à une ces propositions que nous déduisions tout à l'heure de ce prétendu dogme de l'indépendance.

1° Il n'est pas vrai que l'Etat soit absolument libre de se donner le gouvernement et l'administration de son choix. Il est certain que les Etats tiers ne reconnaîtraient pas un gouvernement qui affecterait de méconnaître les obligations internationales de l'Etat, ou présenterait un tel exemple d'anarchie qu'il compromettrait la sécurité des communautés voisines (1). Cette restriction est si bien admise qu'elle a servi de pré-

(1) Si dans la plupart des cas la communauté internationale reconnaît les change-

texte aux partages de la Pologne, et de cause au démembrement de là République de Cracovie.

2° Il n'est pas vrai que l'État puisse diriger à son gré sa politique extérieure, ou cela n'est vrai que tout autant que la direction donnée à cette politique ne lèse pas les droits des nations étrangères. Ainsi personne ne conteste qu'une coalition dangereuse puisse être un juste motif de guerre pour l'État qu'elle menace dans son existence. Ainsi encore un État ne pourrait sans excéder ses pouvoirs accorder par traité des avantages contraires aux droits reconnus antérieurement à une nation tierce.

3° Il n'est pas vrai que l'État soit maître d'appliquer aux étrangers ses propres lois, sa propre volonté. L'étranger, lésé dans ses intérêts essentiels, dans son droit au commerce international, recourra à la protection de son propre souverain, et le principe de ce droit à la protection ne sera pas contesté.

4° Il n'est pas vrai que dans chaque État l'autorité du droit national soit supérieure à celle du droit international. C'est au contraire ce dernier qui doit d'abord être observé, à peine d'exposer l'État à une responsabilité qui pourra aller jusqu'à paralyser sa souveraineté et à mettre obstacle à l'empire de son droit national (1).

ments de gouvernement intérieur qui se produisent dans l'État, c'est que depuis longtemps il est admis que de pareils changements laissent intacts les droits et devoirs de cet Etat à l'égard des autres. La pratique, à l'aide de ce principe, est allée au-devant des objections possibles, et a désarmé les contradictions en désintéressant les contradicteurs. C'est cette circonstance seule qui a permis de poser le prétendu principe de l'indépendance de l'Etat en cette matière.

(1) Il suit de là que l'autorité des traités internationaux régulièrement passés est supérieure à celle des lois, et qu'elle est indépendante de la question de savoir si les traités ont été ou non revêtus de la forme de la loi. La non-application d'un traité qui n'aurait pas été promulgué ou publié n'engage pas vis-à-vis de l'Etat la responsabilité de l'autorité ou du particulier qui s'est refusé à son observation, mais elle engage la responsabilité de l'Etat lui-même vis-à-vis de son co-contractant (Comp. Chrétien, *loc. cit.*, p. 326; Cass., 29 mai 1865, Sirey, *Rec. pér.*, 65.1.378). Une autorité égale doit appartenir aux principes du droit international universellement reconnus alors même qu'ils n'ont point été enfermés dans les stipulations d'un traité. Le droit international écrit ou non écrit forme partie intégrante de la législation de chaque Etat, de même que le droit national existe au fond de tous les actes des particuliers alors même qu'aucun rappel de ses principes n'y serait exprimé.

5° Il n'est pas vrai que l'on puisse jamais trancher une question douteuse de droit international en se basant sur l'indépendance de l'État, car la somme d'indépendance qui appartient à l'État suppose préalablement déterminée la mesure de ses obligations internationales, et ne peut par suite pas entrer en compte dans cette détermination.

Que devient alors le fameux principe de non-intervention? A mon avis, la situation est fort simple à cet égard. Il n'y a pas de principe de non-intervention, il n'y a pas davantage de principe d'intervention. L'intervention est la sanction du droit et non pas le droit lui-même Aussi longtemps que l'État observe soigneusement ses devoirs internationaux, toute intervention dans ses affaires intérieures ou extérieures est illégitime ; ce serait une atteinte injustifiée à sa souveraineté. Dans le cas contraire, et s'il méconnait quelqu'un de ses devoirs, l'État lésé par cette violation du droit peut très justement intervenir dans les affaires soit intérieures soit extérieures de la nation qui l'a offensé. Cette intervention est alors le seul moyen qu'il ait d'exiger la réparation qui lui est due, elle apparaît comme le complément nécessaire de son droit (1).

16. On voit ainsi que, si l'on prend la peine de scruter avec soin la nature réelle des rapports internationaux, et d'en déduire les conséquences fatales qui en découlent, on arrive à des idées assez éloignées de celles qui ont habituellement cours, et à un langage tout différent de celui que l'on a coutume d'employer. Dût notre amour-propre en souffrir un peu, nous devons nous résoudre à reconnaitre que nous ne sommes indépendants ni comme individus, ni comme nations. C'est un fait certain. Est-ce un fait que l'on doive déplorer, je ne le pense pas. S'il m'est permis après cette étude juridique d'entrer pour un instant dans le domaine de la philosophie sociale, je dirai volontiers que la civilisation et l'indépendance sont deux facteurs qui demeurent nécessairement en raison in-

____

(1) S'il est vrai que l'intervention n'est rien autre dans l'ordre juridique que la sanction du droit violé, il est tout aussi vrai que toute sanction consiste dans une intervention. La guerre elle-même est une gigantesque intervention, et le but du belligérant n'est pas de répandre le sang et de semer les ruines, mais de mettre la main sur les organes vitaux de l'État, territoire, administration, finances, de façon à paralyser entièrement son action souveraine et à l'obliger par là à demander grâce.

verse l'un de l'autre. Cela se vérifie soit dans la condition de l'individu, soit dans celle de l'État. Sommes-nous libres comme individus ?
Nous le sommes de moins en moins, le fait est évident. A mesure
que, par l'effet d'une expérience plus longue, nos facultés s'aiguisent
et tendent à des objets nouveaux, naissent aussi des besoins nouveaux
qui, nous faisant rechercher avec plus d'ardeur le concours de nos
semblables, nous rendent plus souvent et plus profondément sujets
à leurs lois. L'homme libre est le sauvage qui vit au fond des bois,
réduit à lutter tous les jours contre les dangers qui l'entourent, et cher-
chant à grand'peine à se procurer les premières nécessités de la vie,
mais exempt au moins de toute contrainte sociale ; c'est aussi le
misanthrope qui préfère l'isolement au poids de la vie sociale ; mais ce,
n'est en aucune façon le type commun de l'homme, celui qui accepte les
charges d'un commerce incessant avec ses semblables afin d'en goûter les
avantages. Celui-ci sait qu'il doit abdiquer une part notable de son indépendance et il s'y résigne si volontiers que, non content d'obéir aux
lois qu'édicte son souverain, le représentant des intérêts communs, il
s'impose à lui-même quantité d'autres règles que nulle autorité ne lui
prescrit, mais qu'il accepte comme une conséquence naturelle de l'existence qu'il a choisie.

Il n'en est pas autrement des États dans leurs relations mutuelles. Un
État ne pourrait se dire vraiment indépendant qu'autant qu'il s'abstien-
drait par lui-même et par ses sujets de tous rapports avec les autres
États. Il serait alors le maître de faire ce que bon lui semblerait, encore
faut-il observer que les nations voisines pourraient l'obliger à respecter
chez ses sujets les droits primordiaux de l'humanité. Un peuple qui
prendrait une telle résolution consommerait véritablement son suicide.
Privé des moyens de conservation et de développement qu'il aurait em-
pruntés à l'étranger, il ne tarderait pas à tomber dans un état d'inégalité, prodrome certain de sa ruine complète. Il en est ainsi, et les peuples
ne peuvent avancer dans la voie du progrès qu'à charge de s'emprunter
les uns aux autres les forces qui leur sont nécessaires, donc aussi à

charge de supporter les lois de ce commerce international qui leur est indispensable.

Une même loi gouverne donc la vie des individus et la vie des peuples : la loi de l'interdépendance, et plus cette vie se perfectionne, plus cette charge d'interdépendance devient constante et lourde. Les uns et les autres ne participent aux bienfaits de la civilisation qu'en aliénant leur liberté. Mais cette aliénation nécessaire de la liberté n'est-elle pas elle-même un bienfait ? La liberté n'a de prix qu'autant qu'elle permet à l'homme de développer mieux ses facultés. Séparée de cet objet, la liberté n'est qu'un don inutile ; elle devient un don nuisible, si elle est pour la nation ou pour l'individu une cause de stérilité de leurs efforts, d'obstacle à tout développement de leur activité. Dans la mesure donc où une limitation apportée à la liberté a pour résultats de favoriser le développement de l'activité individuelle ou nationale, on peut dire que cette limitation est bonne, utile à la cause même de la liberté. A ce titre, l'interdépendance, loi sociale de notre époque, vaut mieux qu'une indépendance barbare et, loin de tenter de dissimuler notre situation réelle, nous devons l'avouer bien haut comme un progrès et comme un bien.

§ IV

17. Il serait au moins inutile d'adresser à la classification ordinaire des
droits des États les critiques même les mieux fondées, si l'on n'était
prêt à proposer des idées nouvelles plus justes, plus claires, plus propres à fournir la solution rationnelle des conflits entre États. C'est ce que
nous allons essayer de faire maintenant.

Notons tout d'abord que les droits fondamentaux des États doivent
avoir pour base et pour plateforme quelques faits sociaux généraux, faits
se réalisant en la personne de tout État, et susceptibles par leur combi-
naison de nous fournir la règle qui décidera des droits primordiaux des
communautés dans leur commerce réciproque. C'est ainsi que les lois civiles s'inspirent des besoins communs à tous les individus qu'elles doivent régir et que, plus généralement, toute science sociale s'appuie sur
les phénomènes communs aux personnes qu'elle concerne.

Ces faits élémentaires m'apparaissent ici au nombre de deux principaux : le fait de la souveraineté appartenant à chaque État, et le fait du
commerce international. Observons d'abord que ce sont précisément
ces deux faits qui, par leur rapprochement, sont l'occasion des conflits,
objet de notre science (1). Si l'État n'avait pas dans sa souveraineté le

(1) V. Jellinek, *System der subjektiven öffentlichen Rechte*, p. 297.

principe du droit et du devoir d'une existence séparée et dirigée par la seule préoccupation de l'intérêt de ses sujets, la formation de la communauté internationale n'eût point engendré de difficultés. Les nations s'inspirant de leurs intérêts communs auraient édicté pour leurs relations réciproques des lois dont l'empire aurait été reconnu sans difficulté, étant donné qu'il ne se serait heurté aux prétentions et aux droits d'aucune autorité particulière. Ainsi se serait constituée sans lutte et sans effort notable cette grande *civitas gentium* à laquelle aspirent les irénistes. De même, si les nations ne se livraient pas au commerce international, si elles vivaient isolées les unes des autres, la souveraineté de chacune d'elles s'exercerait sans rivale sur son territoire et sur ses sujets. Cette souveraineté serait véritablement absolue, et alors existerait réellement pour l'État cette indépendance dont on fait à tort un de ses droits essentiels. Pas plus dans un cas que dans l'autre il n'y aurait de conflits possibles. Malheureusement (ou heureusement) cet état n'est pas celui de l'humanité ; l'existence de nations souveraines lui est indispensable, indispensable aussi la pratique du commerce international. Celle-ci est pour les peuples un élément d'attraction, celle-là une cause de répulsion et de séparation : il faut bon gré mal gré subir la coexistence de ces deux éléments opposés, et les conflits que leur concurrence ne manquera pas d'amener (1).

Les conflits naissent donc de la pratique du commerce international entre États possesseurs d'une souveraineté distincte et séparée; il peut arriver qu'ils naissent du seul fait de ce commerce, et sans qu'il lèse directement la souveraineté intérieure d'un État particulier. La question de la liberté des mers est un bon exemple des conflits de cette espèce. Elle revient à se demander si tous les États peuvent participer au commerce maritime, ou si quelques-uns peuvent s'arroger arbitrairement une

---

(1) Jellinek, *Die Lehre der Staatenverbindungen*, 2ᵉ Abtheilung, p. 92 et suiv. On trouvera dans cet intéressant ouvrage, très clairement démontré, le vice de la méthode qui isole l'État pour l'étudier et méconnaît cette vérité essentielle que les relations internationales forment une part constitutive de l'existence de tout État, vérité sans la considération de laquelle on ne peut prendre que l'idée la plus fausse de la situation de l'État et de l'étendue de ses droits.

3

prépondérance exclusive sur un espace qu'ils dominent, mais qui n'est pas incorporé dans leurs territoires respectifs. Les questions de ce genre sont les plus simples de toutes, étant bien visiblement dominées par le principe de la vocation commune des États à jouir des bienfaits du commerce international. On remarquera qu'elles ont été aussi les premières résolues.

Beaucoup plus ardus sont les problèmes qui mettent en présence d'une part le commerce international, d'autre part la souveraineté particulière d'un État. Ils sont beaucoup plus nombreux aussi. Ces conflits se présentent toutes les fois où un fait intéressant le commerce international se produit dans le domaine territorial réservé à la souveraineté particulière d'une nation. Il y a alors concurrence de deux éléments disparates, les besoins du commerce international d'une part, et d'autre part les exigences d'un souverain qui vise toujours à rester le seul maître chez lui. Les questions de libre passage et de navigation intérieure, l'admission des étrangers, les droits qui leur doivent être reconnus, la législation à laquelle ils seront soumis, les extraditions, les difficultés que soulève l'exécution des traités, la situation de la mer territoriale, les droits des navires neutres nous offrent autant d'exemples d'une concurrence semblable, et il est facilé de prévoir que, toutes les fois où les intérêts engagés de part et d'autre seront graves et pressants, la concurrence dégénèrera facilement en conflits sur lesquels notre science aura à statuer.

18. Qu'un conflit international puisse naitre de la concurrence des droits du commerce international et des droits particuliers d'une souveraineté territoriale, cela est facile à apercevoir ; mais ce qui peut paraître plus difficile, c'est de trouver dans cette situation de fait les principes premiers de la solution de ces conflits, les racines les plus profondes des droits fondamentaux des États. On pensera même qu'il est impossible de comparer les droits et les exigences de cette pure expression doctrinale de communauté internationale aux droits et exigences de ces personnes morales existantes et reconnues, les États. Et là où la comparaison est impossible, comment arriverait-on à établir une préférence raisonnée ? L'impossibilité ici n'est cependant qu'apparente, et on le reconnaitra bien

vite en scrutant un peu plus profondément la nature de la communauté internationale. Qu'est-ce donc que cette communauté internationale ? Ce n'est pas autre chose que l'ensemble des États qui se livrent au commerce international, et lorsque l'on parle des droits de cette communauté, on fait simplement allusion au droit que possède chaque État de se livrer au commerce international, et aux conséquences logiques qui découlent de ce droit. Chaque État, en tant qu'il se livre au commerce international, représente donc la communauté internationale, et les droits assignés à la communauté sont purement et simplement une portion des droits des États.

Il résulte de là que les droits de l'État se divisent en deux groupes, ses droits à la souveraineté intérieure, et ses droits à une participation au commerce international égale à celle des autres États. Ces derniers, comme ceux du premier groupe, sont exercés par l'État en sa qualité de représentant les intérêts généraux de la nation ; ils correspondent tout aussi bien qu'eux à des intérêts vitaux pour chaque communauté politique, ils sont exercés par le pouvoir constitué en toute liberté (1), et sans résistance possible de la part des citoyens représentés. Nous retrouvons dans ces pouvoirs exercés au dehors les mêmes caractères qui distinguent ceux qui sont exercés au dedans, ce sont donc aussi de véritables droits de souveraineté, analogues par leur nature aux droits de la souveraineté territoriale (2). Les résultats de cette analyse théorique ne sont-

---

(1) Nous n'entendons pas dire par là que l'État ne puisse pas dans le commerce international se lier à l'observation de principes déterminés, mais que dans ses relations avec les autres États sa volonté est indépendante de la volonté de ses sujets. L'État est par rapport à ces derniers un représentant, mais un représentant qui décide lui-même de ce qui convient et de ce qui ne convient pas à ses représentés. C'est lui qui définira la loi qui l'obligera lui-même. C'est bien en cela que consiste la caractéristique de la souveraineté (Comp. Jellinek, *Die rechtliche Natur der Staatenverträge*, p. 18).

(2) L'habitude de notre esprit nous porte à relier l'idée de la toute puissance de l'État à celle de son pouvoir territorial, et à dire qu'un État est tout puissant sur son territoire et sans pouvoir au delà. Cela est inexact. La puissance d'un État se mesure sur sa force et, en fait, il est fort possible, et cela est arrivé fréquemment, qu'elle s'exerce sur le territoire d'autrui comme sur le sien propre. La seule différence déjà notée par nous est que sur le territoire d'autrui les manifestations de la puissance d'un État sont médiates, et se révèlent en temps de paix par l'intermédiaire du Souverain territorial. Elle n'est pas moins

ils pas au surplus confirmés par la pratique quotidienne des relations internationales ? Ce sont les États qui constituent les personnes du droit international, c'est entre eux que naissent les droits et les devoirs qui en font la matière. C'est le souverain qui dirige l'action diplomatique, c'est lui qui ratifie les traités, encore doit-il être le plus souvent habilité à cet effet par le pouvoir législatif. C'est lui qui envoie les ambassadeurs et les reçoit, qui nomme les consuls ou leur donne l'exequatur : toutes les affaires internationales jusqu'à la moindre extradition exigent l'intervention directe du pouvoir souverain, c'est encore lui qui couvre ses nationaux à l'étranger d'une juste protection. Les relations internationales sont traitées comme intéressant directement la souveraineté. Comment oserait-on prétendre après cela que le droit au commerce international n'est pas une partie ou plutôt une face de la souveraineté ?

La souveraineté de l'État est donc double. En tant qu'elle s'exerce sur le territoire de l'État, elle constitue la souveraineté intérieure ; en tant qu'elle vise les nationaux qui se livrent au commerce international, elle peut être dite extérieure ou personnelle, — personnelle parce que son influence légitime suit les individus qui y sont soumis, extérieure parce qu'elle s'exerce hors du territoire de celui qui la possède. Complétant donc sur ce point les développements par nous donnés précédemment, nous dirons que les conflits entre nations sont toujours des conflits entre souverainetés, et qu'ils s'élèvent le plus souvent entre la souveraineté intérieure de l'une et la souveraineté extérieure de l'autre.

19. Le plus souvent, disons-nous ; car il n'y a rien là de fatal, et le conflit peut surgir aussi bien (quoique plus rarement) entre souverainetés intérieures ou entre souverainetés extérieures qu'entre une souveraineté intérieure et une souveraineté extérieure.

On ne peut supposer de difficultés internationales dans l'exercice de la souveraineté intérieure que dans deux cas : 1° lorsqu'un même territoire est l'objet d'un litige entre deux peuples, soit parce que l'on ne sait pas

effective pour cela. En droit un État ne doit être tout puissant ni hors de son territoire ni sur son propre territoire, parce que ici et là il doit tenir compte du droit de ses égaux les autres États.

auquel des deux il appartient, faute de limitation par exemple, soit parce que ces deux peuples possèdent concurremment des droits de souveraineté sur ce territoire et ne s'entendent pas sur l'étendue de leurs pouvoirs respectifs. Ainsi la Bosnie et l'Herzégovine pourraient servir d'origine à des conflits de souveraineté intérieure entre l'Autriche et l'Empire ottoman, le territoire de la baie de Kiao-Tchéou entre l'Allemagne et l'Empire chinois ; 2° quand un même territoire a passé d'un peuple à un autre peuple par un mode dérivé d'acquisition du domaine : il est possible que des difficultés s'élèvent entre l'ancienne souveraineté intérieure et la nouvelle quant aux effets de l'annexion.

Les difficultés de ce genre ne sont pas les plus redoutables (1) : elles s'élèvent entre des droits identiques et pourront généralement être résolues par la considération attentive des actes publics qui ont créé la situation, origine des difficultés pendantes, et par le respect constant de la légitimité des droits acquis (2).

(1) Ce n'est pas que l'on n'en rencontre pas quelques-unes de fort difficiles, particulièrement en matière de protectorat exercé par un État pleinement civilisé sur un État moins civilisé (V. à ce sujet Pic, *Influence de l'existence d'un protectorat sur les traités antérieurement conclus par l'État protégé*, dans cette *Revue*, t. III (1896), p. 613 et suiv., et notre article intitulé *Des droits de la puissance protectrice sur l'administration intérieure de l'État protégé*, dans cette *Revue*, t. II (1895), p. 583 et suiv.). Les difficultés en question tiennent moins à la gravité des conflits que l'on rencontre dans ce domaine qu'à la nouveauté relative de la forme moderne du protectorat. Il n'est pas douteux que la doctrine éclairée par les leçons de l'expérience aboutira à les résoudre. Nous considérons comme bien plus embarrassante la situation créée par ces traités qui par un détour assez hypocrite déguisent de véritables cessions territoriales sous des dénominations empruntées au droit de la propriété privée : occupation et administration (Chypre, traité de Constantinople du 4 juin 1878 ; Bosnie et Herzégovine, traité de Berlin du 13 juillet 1878, art. 25 ; baie de Kiao-Tchéou, traité de janvier 1898), bail (traité non exécuté du 12 mai 1894 entre la Grande-Bretagne et l'État indépendant du Congo. Comp. cette *Revue*, t. I (1894), p. 374 et suiv.), garantie ou autres termes analogues. Ces expressions qui en droit privé ont une portée certaine et bien connue, échappent en droit des gens à toute définition, et ne témoignent que du désir de donner le change aux tiers sur les véritables intentions des Hautes Parties Contractantes, ou de faire prévaloir une fiction absurde sur une réalité que l'on n'ose pas avouer. C'est une pratique fort dangereuse, le cas de l'Égypte en fait foi.

(2) Après une annexion l'État démembré quoiqu'ayant perdu toute souveraineté sur les terres annexées conserve le droit de veiller à l'observation des conditions soit ex-

20. Les difficultés provenant du conflit survenu entre les souverainetés extérieures de deux États seront plus fréquentes, mais aussi relativement faciles à lever. Dans cette classe rentrent les questions auxquelles donnent lieu la navigation maritime, l'exploration et l'acquisition des territoires sans maître, de même les questions de nationalité ou de statut personnel lorsqu'elles se présentent sur le territoire d'un État tiers désintéressé dans l'affaire. Ici encore on jouit de l'avantage de rencontrer un concours de prétentions fondées sur des droits de même nature qui, vu l'égalité des États, se prêteront aisément à l'application d'une loi commune conforme aux données de la justice. Quelquefois ces prétentions sont parfaitement conciliables. On arrive vite alors à la proclamation d'une loi générale respectueuse des intérêts de tous : telle est par exemple la loi de la liberté des mers, ou encore la loi plus artificielle de la neutralité appliquée à certaines artères du commerce international. D'autres fois, il y a incompatibilité : on décide alors pour des motifs ayant une égale valeur pour les deux parties contendantes. Le Congrès de Berlin a suivi cette méthode en posant les lois de l'occupation des territoires sans maître (art. 34 et 35 de l'acte général).

21. Viennent enfin les conflits qui mettent en jeu la souveraineté intérieure d'un État et la souveraineté extérieure de l'autre. Ce sont les plus redoutables de tous, et l'on remarquera que toutes les questions vraiment délicates du droit des gens appartiennent à cette dernière catégorie. C'est à leur sujet que nous allons essayer de faire voir quels sont les droits fondamentaux des États, et de formuler la loi générale de leurs rapports réciproques.

Nous cherchons une règle commune et véritablement internationale : c'est dire que nous devons repousser *a priori* toute loi qui, préférant arbitrairement l'une des deux formes de souveraineté en présence à l'autre, ne pourrait être acceptée par le représentant de cette dernière que sous l'influence de la crainte. Il nous faut un principe de décision également acceptable pour les deux adversaires, et reposant en conséquence sur

presses soit coutumières sous lesquelles l'annexion a été faite. C'est un dernier reste de sa souveraineté ancienne.

une vérité première également reconnue par l'un et l'autre, il faut donc tout d'abord une loi qui s'inspire d'une véritable et sincère indifférence pour la nature des prétentions en présence : toute règle qui sacrifierait arbitrairement les droits de la souveraineté personnelle à ceux de la souveraineté territoriale ou inversement les prétentions de celle-ci aux prétentions de celle-là serait pareillement destituée de valeur quant à l'objet que nous poursuivons (1).

Quelle peut donc être cette loi d'indifférence ? Puisqu'elle doit se refuser à toute comparaison basée sur la nature différente des souverainetés en cause, et que l'on pourrait qualifier de comparaison qualitative, il faut peut-être recourir à une comparaison tirée de l'intérêt que présente pour chacune d'elles l'objet du conflit, c'est-à-dire à une sorte de comparaison quantitative de leurs prétentions. C'est en effet cette voie qui nous conduira au résultat, mais pour l'éclairer quelques explications sont nécessaires.

Chaque fois qu'un État invoque l'un quelconque des attributs de sa souveraineté, il s'en prévaut parce que cet attribut présente pour lui un intérêt particulier, intérêt qui consiste nécessairement en ce que cet attribut lui rend possible ou lui facilite l'exercice d'une de ses fonctions. En ce sens Jellinek a fort bien dit que l'intérêt de l'État est calqué sur les objets raisonnables qu'il poursuit (2).

Ainsi lorsqu'un État refuse d'admettre certains étrangers sur son territoire ou les expulse lorsqu'ils y sont entrés, ou soumet à une censure les ouvrages ou journaux qui y sont introduits, c'est qu'il craint que sa tolérance ne compromette la sûreté de la nation dont il a la garde.

---

(1) Cette proposition nous paraît être la conséquence fatale de ce fait que les deux facteurs premiers de la situation relative des États, le fait de leur existence séparée et le fait du commerce international, répondent à deux nécessités sociales également inéluctables. Ce sont deux postulats qu'il faut toujours avoir devant les yeux, et entre eux il n'y a ni inférieur ni supérieur. Chacun d'eux se traduit en pratique, comme nous l'avons montré, par une forme particulière d'exercice de la souveraineté, la forme intérieure et la forme extérieure. Il est impossible d'établir *à priori* que l'une de ces deux formes est supérieure à l'autre sans sacrifier l'un de ces deux postulats, c'est-à-dire sans se mettre en contradiction avec les faits, ce qui est pour toute science sociale un défaut capital.

(2) Jellinek, *Die rechtliche Natur der Staatenverträge*, p. 41.

L'intérêt de cet attribut qu'il invoque n'est ni plus ni moins que celui du maintien de l'ordre dans l'État. Lorsque par des droits de douane il rend plus difficile l'accès du marché national aux marchandises étrangères, il exerce encore une fonction en protégeant l'industrie de ses sujets. Lorsqu'il traite, il a pour but d'assurer à ses sujets une communication plus facile des avantages du commerce international; lorsqu'il dénonce un traité, il ne le fait que pour ne point trahir leurs intérêts ; lorsqu'il fait la guerre, ce n'est que pour leur assurer la restitution de leurs droits violés. Ainsi, toutes les fois où un Souverain soumet à son autorité territoriale des étrangers, il n'agit de la sorte que parce que cette soumission lui paraît utile aux fonctions qu'il exerce envers ses propres sujets (1).

Et cela n'est pas moins vrai de la souveraineté extérieure.

Un État ne revendique soit à son profit soit au profit de ses nationaux les droits du commerce international qu'en exécution des devoirs et des fonctions qu'il remplit à leur égard. Invoque-t-il le privilège d'inviolabilité au profit de son ambassadeur, c'est pour garder sa liberté dans le commerce international ; réclame-t-il l'extradition d'un coupable, elle lui servira à assurer le régulier exercice de sa justice criminelle ; prétend-il obtenir pour leurs bateaux la libre pratique d'un fleuve international, c'est encore leur droit au commerce qu'il revendique ;se déclare-

---

(1) Nous insistons sur ce point que le seul intérêt dont il soit question ici, le seul qui mérite considération, est celui qui se traduit en pratique par un exercice plus plein de la souveraineté d'un État envers ses sujets. Il ne s'agit pas de savoir si le succès des prétentions d'un État aura pour résultat de le rendre plus grand, plus riche ou plus puissant, mais seulement si ce succès lui permettra d'exercer l'un de ses droits souverains qui serait sacrifié en cas d'échec. Ainsi, quand des citoyens d'un pays souffrent un dommage à l'étranger, le seul fait de la perte par eux éprouvée ne suffit pas à légitimer les réclamations de leur État national. Si leurs pertes particulières causent un dommage au trésor public, il en est encore de même. Il faut pour qu'une réclamation soit possible que cette perte ait sa source dans des actes contraires au droit. Alors apparaît pour l'État l'intérêt public que présente pour lui son devoir de protection des intérêts de ses membres. Il a qualité pour agir ; ce n'est pas à dire qu'il doive triompher,car il est possible qu'à l'intérêt qu'il a à assurer la protection de ses nationaux au dehors l'État adverse oppose un intérêt public plus fort qui lui permettra d'écarter justement la demande faite. Tout dépendra des circonstances dans lesquelles la réclamation aura été élevée.

t-il prêt à prendre leur défense contre tout acte de tyrannie, il pourvoit à la sûreté de leurs personnes et de leurs propriétés. De quelque côté que l'on se tourne, il faut arriver toujours au même résultat. Les manifestations de la souveraineté de l'État dans l'ordre des relations internationales présentent toutes pour lui un intérêt public, un intérêt de fonctions ; ce sont autant de moyens qu'il emploie pour mieux remplir ses devoirs envers ses sujets.

On aperçoit maintenant, je pense, la valeur internationale de ce point de vue. D'un État à l'autre il est impossible de contester la vocation de chacun à remplir son devoir, impossible de ne point tenir compte des fonctions semblables que l'un et l'autre remplissent. On voit déjà quelle serait la loi idéale du droit des gens, et on ne tardera pas à voir quelle est sa loi réelle.

Le principe idéal de conciliation des prétentions diverses des souverainetés engagées dans un conflit serait celui qui réussirait à respecter intégralement les intérêts servant de base aux droits de chacun. Ce principe ne saurait être appliqué dans sa teneur aux véritables conflits qui, supposant des prétentions contradictoires sur un même point, ne permettent point de satisfaire aux prétentions des deux parties, fussent-elles de part et d'autre fondées sur de très réels intérêts, sur des fonctions reconnues, sur des devoirs existants. Mais il servira au moins à résoudre les conflits simplement apparents, et en cela nous verrons ultérieurement qu'il rend déjà des services méritoires à la cause du droit des gens.

22. Quel sera donc le principe réel que nous cherchons? Puisque, en fait, il est impossible de concilier pleinement les prétentions objet du débat, le seul moyen de trancher la difficulté est de donner la préférence à celle des deux souverainetés dont la prétention est basée sur un intérêt plus considérable au point de vue de l'exercice de ses fonctions, et par suite de l'accomplissement de ses devoirs.

Cette loi est la seule qui puisse s'imposer aux divers États parce que possesseurs, chacun de son côté, d'une souveraineté semblable, l'unique élément commun d'appréciation de leurs prétentions réciproques est celui qui repose sur une analyse comparative de la valeur et de l'importance des divers attributs de cette souveraineté, et, que, de plus, fondée comme elle l'est sur l'idée de respect de la souveraineté de chacun, cette loi présente seule l'avantage de favoriser dans la plus large mesure possible la liberté de leur action légitime.

Telle est donc, à nos yeux, la loi qui doit servir de fondement à une doctrine rationnelle du droit des gens. S'il fallait lui donner un nom, nous l'appellerions la loi du moindre sacrifice ; nous la formulons ainsi : les États doivent se garantir l'exercice de leur souveraineté dans leurs rapports réciproques, et, en cas de conflit, sont rationnellement obligés de donner la préférence à l'intérêt public le plus fort compromis dans le litige. De là aussi la notion du droit primordial de tout État qui est d'obtenir des autres le respect le plus grand possible de sa souveraineté (1).

(1) Notre doctrine, en tant qu'elle consiste à trancher les conflits en donnant la préférence à l'intérêt le plus fort, se rapproche en apparence au moins des idées préconisées par Bentham : aussi, pour éviter des objections qui ne manqueraient pas de nous être faites, nous allons immédiatement montrer qu'en réalité elle en diffère du tout au tout. Pour Bentham et pour ses disciples (*Traité de législation civile et pénale*, t. I, passim, partic. ch. I, p. 3 et suiv., ch. V, p. 29 et suiv., ch. VI, p. 38 et suiv., 3ᵉ édit. Ét. Dumont, 1830), l'intérêt ou l'utilité, principe unique de tout droit, consiste dans la recherche du plaisir et dans la préservation de la peine, de sorte que le caractère juste ou injuste de l'action dépend des plaisirs et des peines qu'elle peut procurer. Un bon système de droit doit reposer dès lors sur une étude comparative des plaisirs et des peines, et doit tendre à procurer à chacun le maximum du plaisir et le minimum de la peine. Sans nous arrêter à adresser à cette étrange opinion des objections qui ne seraient que trop faciles, nous tenons à faire observer que l'intérêt, tel que nous le comprenons, tel qu'il doit servir à décider des litiges internationaux, est aussi éloigné que possible de l'utilité de Bentham. Non pas que nous prétendions que les nations ne sont pas susceptibles d'éprouver des plaisirs et des peines : une nation comme un individu a son esprit, ses sentiments, ses passions, elle a ses jours de joie et ses jours de tristesse, ses plaisirs et ses peines. Mais la considération du plaisir ou de la peine est de nulle importance lorsqu'il s'agit de l'établissement d'une loi commune, expression du droit et du devoir de chacun. Nous cherchons le juste et non pas l'agréable. Aussi l'intérêt sur la considération duquel roule notre système n'est rien autre que l'avantage que trouve un État à pouvoir exercer les facultés dérivant de sa souveraineté dans le domaine des rapports internationaux. Nous l'avons qualifié pour cette raison d'intérêt de souveraineté, d'intérêt de fonctions. Il est l'expression de la tendance nécessaire qu'éprouve un être de raison, le Souverain, à exercer le pouvoir en vue duquel il a été constitué, la souveraineté, et cela indépendamment du plaisir ou de la peine qui peut en résulter pour ses sujets. Il est certain par exemple que, lorsqu'un État demande à être délié de quelque obligation contractuelle, nous ne lui permettrons pas d'alléguer le profit pécuniaire qu'il attend de cette résilia-

Est-il besoin d'ajouter que le mot respect que nous employons pour la seconde fois dans cette étude n'a plus du tout ici le même sens que précédemment. Il ne s'agit pas ici de respect extérieur, de bonnes manières, de courtoisie ; il s'agit d'une considération constante et attentive pour la qualité souveraine de la personne avec laquelle on traite, et des droits attachés à cette qualité. Nous usons de ce mot respect, malgré l'amphibologie à laquelle il peut prêter dans notre matière, parce qu'il est la traduction littérale du verbe *respicere* qui formule exactement l'idée à laquelle nous nous attachons. Il est très voisin du mot usuel de reconnaissance, mais il contient quelque chose de plus que cette expression dans son sens ordinaire, et telle que Lorimer l'a définie (1). La re-

tion, mais seulement l'obstacle que son exécution oppose à l'exercice normal et régulier de sa souveraineté.

(1) « On peut définir la reconnaissance politique plénière, dit Lorimer (*Principes de dr. intern.*, édit. Nys, p. 72), la déclaration formelle du résultat d'un procédé déductif par lequel une entité politique se convainc qu'une autre entité possède une existence politique distincte ; en d'autres termes, qu'elle est capable de remplir les devoirs de la vie internationale, et peut partout en réclamer les droits ». Cette définition et les développements qui s'y réfèrent touchent uniquement à la détermination des personnes capables de droits et de devoirs internationaux, mais elle ne nous dit pas quels sont ces droits et quels sont ces devoirs, quoique prétende l'auteur (*id.*, p. 122) et bien qu'en certaines occasions, notamment en matière d'ambassade (*id.*, p. 129), de droit municipal (*id.*, p. 154, p. 172), ailleurs encore (*id.*, p. 193), il fasse de la reconnaissance telle qu'il l'entend la source de certains droits des États. Il y a là une liaison difficile à justifier, car la simple reconnaissance de l'existence de l'État, si elle contribue à établir la possibilité de l'établissement de relations juridiques entre ces États qui se reconnaissent mutuellement, ne peut nous apprendre quelles seront précisément ces relations. Des êtres capables de droits seront en général capables de droits quelconques, et l'on ne saura bien quelles sont leurs relations que par la connaissance des circonstances qui rendent un droit nécessaire entre eux. L'idée posée par Lorimer n'en est pas moins, à notre avis, la plus juste et la plus féconde de toutes celles qui ont jamais été proposées en vue d'aider à la définition des rapports internationaux. Ce que Lorimer paraît n'avoir pas vu, ou tout au moins ce qu'il n'explique pas, c'est que la reconnaissance d'un État est la reconnaissance d'un organe créé en vue de fonctions déterminées et connues, et, à peine d'être un mot vide de sens, implique la reconnaissance de la légitimité et de la nécessité de l'exercice de ces fonctions. Reconnaître un État, c'est reconnaître sa souveraineté. Lors donc que les États se trouvent en concurrence sur le terrain des relations internationales, chacun d'eux, obligé par la reconnaissance qu'il a accordée aux autres, doit respecter leur souveraineté en vertu même de cette reconnaissance. C'est ainsi que l'idée de reconnaissance se transforme nécessairement en idée de respect toutes les fois qu'il y a contact de plusieurs États à l'occasion d'affaires communes. Le respect est la

connaissance implique la considération de l'existence d'un État tiers et
l'intention de le traiter comme égal dans le commerce international.
Notre respect implique de plus la considération des droits de souveraineté tant intérieure qu'extérieure de cet État, et la volonté de tenir
compte de la nature et de l'importance desdits droits dans les affaires
que l'on peut avoir avec lui. Aussi, bien que notre respect ne soit autre
chose que la prolongation analytique de cette reconnaissance, entre
eux la différence est essentielle. Le respect, tel que nous l'entendons
ici, se rapproche bien davantage encore de la reconnaissance entendue
avec la signification que lui donne Jellinek (1). Ce grand esprit a parfaitement vu et démontré que la reconnaissance de l'État implique nécessairement sa reconnaissance « de sujet de droits, c'est-à-dire de sujet
exerçant toutes les fonctions qui appartiennent nécessairement à l'État ».
« La reconnaissance de l'État, a-t-il dit très justement, est la reconnaissance de son activité étatique ». Nous nous expliquons moins qu'il se
soit obstiné à considérer la reconnaissance ainsi entendue comme un
principe purement négatif, comme contenant tout au plus l'obligation
pour chaque État de ne pas dépasser dans sa conduite envers les autres
la ligne tracée par le droit des gens, comme impuissant à fournir à ce
dernier autre chose que cette loi assez imprécise que, sur le terrain de
la communauté internationale, chaque État doit s'abstenir de toute atteinte à la personnalité des autres dans la sphère qui leur est respectivement reconnue. Mais c'est cette sphère laissée à l'activité de chacun
qu'il nous importe justement de connaître, et nous pensons que par l'idée
même de reconnaissance ou mieux par l'idée de respect qui en dérive on

conséquence directe de la reconnaissance, mais il présente à l'esprit une idée distincte
et plus compréhensive. Alors que la reconnaissance toute seule appartient à un ordre
purement spéculatif, le respect est un principe d'action et d'inaction à l'occasion. La
reconnaissance ne donne pas de règle de conduite, le respect en fournit une, et, par
suite, est apte à servir de base à une théorie des droits et devoirs réciproques des
États. Le respect est l'application de la reconnaissance à la situation de fait créée par
le commerce international.

(1) *System der subjektiven öffentlichen Rechte*, p. 302 et suiv. Comp. Heilborn, *Das
System des Völkerrechts*, p. 314 et suiv.

peut arriver à la déterminer, si l'on réfléchit à cette vérité évidente que, la souveraineté de tous les États étant en général également respectable, la seule loi qui puisse les départager en cas de conflit, la seule qu'ils puissent et doivent accepter comme correspondant à leur intérêt commun, est celle qui assure la prépondérance à la souveraineté la plus gravement compromise dans le litige. N'y a-t-il pas là au contraire un principe de solution pour tous les conflits internationaux si, ce qui ne parait point impossible, on parvient à s'entendre sur l'importance relative des divers attributs de la souveraineté de l'État? Tel est, comme nous l'avons dit, le principe qui doit, à notre avis, dominer le droit international théorique.

Nous revendiquons pour notre principe l'avantage de la certitude parce que, loin de consister dans l'émission de certaines lois hypothétiques, et dont le conflit ne peut être levé que par l'effet d'un choix aveugle et inconscient des raisons sur lesquelles il s'appuie, il se base sur une considération dont la valeur est indéniable, la considération de l'intérêt. L'appréciation d'un intérêt est encore pour le jugement l'opération la plus simple, la plus familière, celle que nous faisons inconsciemment dans la moindre action de notre existence quotidienne, celle qui sert de guide et de phare à notre liberté. Et comme, ainsi que nous l'avons expliqué précédemment, il s'agit ici d'apprécier dans chaque cas l'intérêt que présente pour les parties en cause l'exercice par elles prétendu de certain attribut de leur souveraineté, la question est nettement posée, et susceptible de recevoir, dans la plupart des cas au moins, une solution assurée, également claire pour les deux adversaires, également obligatoire pour eux.

Nous considérons ce principe comme étant la meilleure, ou, si l'on veut, la moins imparfaite des solutions nécessairement imparfaites par lesquelles on peut réussir à trancher un conflit international. On dit souvent que le premier devoir du droit des gens est de permettre aux nations de vivre conformément à leur but, d'atteindre leur but. Que faut-il entendre par là? Généralement les auteurs ne le disent pas. Si l'on entend par but d'une nation le rôle qu'elle est appelée à jouer dans l'histoire générale de l'humanité, nous dirons que c'est là le secret de Dieu, et que l'on ne saurait, sans une présomption évidente, prétendre à modeler une science actuelle sur un objet à l'égard duquel on doit se borner à de vagues conjectures, et qui ne sera connu, s'il l'est jamais, que longtemps après la disparition de cette nation, à une époque où le droit des gens lui sera de peu de secours (1).

Mais une ambition plus modeste peut raisonner ainsi : ce qui caractérise l'État, c'est sa souveraineté. Sa souveraineté est l'ensemble des pouvoirs qui lui sont nécessaires pour remplir les fonctions qui lui ont été confiées, c'est-à-dire pour rendre aux citoyens les services que seul il peut rendre, et aussi, si l'on veut, ceux qu'il peut rendre mieux que personne autre. Alors on aperçoit que la loi du plus grand respect de la souveraineté des États dans leurs relations réciproques qui est, d'après nous, l'unique loi fondamentale du droit des gens, tire précisément sa légitimité de ce qu'elle se conforme exactement au but présent et immédiat de chaque État qui est l'exercice de sa souveraineté. Elle apparaît ainsi sous un nouveau jour, et il devient évident qu'elle n'est pas une solution arbitraire, inventée pour les besoin d'une cause difficile, mais bien l'application à l'ordre des rapports internationaux d'une loi générale commune aux individus et aux groupes, de cette loi en vertu de laquelle chacun a le droit d'agir en conformité de son but. Et puisqu'il s'agit ici exclusivement de l'intérêt que chaque État possède à exercer sa souveraineté, c'est-à-dire à remplir la fonction en vue de laquelle il existe, la loi de l'intérêt s'y confond avec la loi du devoir, et c'est en réalité à l'accomplissement du devoir le plus fort que, sous le nom d'intérêt, notre théorie donne la préférence.

Par là même je dirais aussi, si je ne craignais d'abuser à mon tour

---

(1) La célèbre théorie des nationalités n'a pas, à ce qu'il semble, d'autre fondement rationnel que cette idée que chaque race a dans l'histoire son but particulier à atteindre, but en vue duquel elle a le droit absolu de se constituer en communauté politique indépendante et distincte. Le terme si souvent employé de conscience commune à la race ne peut signifier rien autre que cette conception d'un but commun. Cette prétention très vague a en outre le tort d'être en désaccord absolu avec les faits et les tendances actuels. Plus le commerce international ira s'accentuant, plus les races originaires se mélangeront rendant essentiellement chimérique toute théorie des nationalités comprise en ce sens.

d'une expression discréditée pour avoir été employée à tort et à travers, que cette solution est la meilleure parce qu'elle est la plus conforme au droit naturel. Comme les hommes, les nations ne peuvent pas jouir des avantages de l'état de société sans un e observation constante de leurs devoirs. Le premier et l'unique devoir d'un État est de bien remplir les fonctions en considération desquelles il existe, le devoir des autres sera de respecter en cet État la vocation naturelle qui l'entraîne à l'accomplissement de certaines fonctions, et réciproquement : ainsi compris, le droit international aboutit à étendre à la vie internationale l'exercice des fonctions nationales de la souveraineté, en faisant de l'importance relative de ces fonctions l'unique critérium du droit et du devoir de chacun. N'est-il pas alors l'expression fidèle des besoins et des aspirations d'une communauté internationale qui, loin de prétendre à supprimer les nations, n'a d'autre objet que de leur ouvrir toutes grandes les portes du développement et du progrès (1) ?

Résumons-nous. Les États n'ont entre eux qu'un seul droit fondamental et essentiel, c'est le droit au respect mutuel de leur souveraineté, mais ce droit reconnu et observé conduit à la solution de tous les conflits internationaux par la simple comparaison de l'intérêt public que présente pour chacune des parties la reconnaissance des prétentions qu'elle élève.

(1) Bulmerincq, *Praxis, Theorie und Codification des Völkerrechts*, p. 5.

V

PRINCIPES TOUCHANT LA SOLUTION DES DIVERSES SORTES DE CONFLITS.

23. Questions présentant un intérêt pour une seule des souverainetés en présence. — 24. Questions présentant un intérêt semblable pour les diverses souverainetés en présence. Applications. — 25. Questions présentant un intérêt différent pour les souverainetés engagées dans le litige. — 26. Usage de la transaction.

23. Il est temps de sortir pour un moment de ces abstractions et de montrer pratiquement comment fonctionne le système que nous venons d'exposer. Pour cela, plusieurs hypothèses différentes sont à distinguer.

1° Il arrive plus fréquemment qu'on ne se l'imagine qu'un conflit s'élève et parvienne même à un état aigu, alors que l'un des adversaires ne peut justifier d'aucun intérêt de fonctions à l'appui de ses prétentions. En pareil cas, l'application de notre méthode est facile et consiste simplement à donner raison à l'autre partie, celle dont la cause a pour base un intérêt public justifié.

Ce procédé élémentaire va nous servir à résoudre deux des questions les plus contestées du droit des gens.

La question de l'extradition en premier lieu. On se demande si un État a le droit de demander à un autre État l'extradition de l'auteur d'un crime commis sur son territoire. La question est, on le sait, fort disputée, et la plupart des auteurs s'obstinent, par respect pour l'indépendance de l'État, à regarder ce droit à l'extradition comme un droit boiteux et imparfait qui ne saurait se tenir debout qu'avec le secours d'un traité diplomatique. La question, en tout cas, est universellement considérée comme fort obscure. Elle est fort claire pour nous au contraire, car elle consiste à se demander si les deux États ont un intérêt public opposé dans l'affaire. Or on aperçoit très bien l'intérêt de l'État requérant : il s'agit pour lui d'assurer l'exercice régulier de sa justice criminelle, de veiller à la sûreté de ses sujets; au contraire il est impossible d'apercevoir pour l'État de refuge le moindre intérêt public à recueillir un malfaiteur, et à lui épargner la juste punition de son crime. Il n'y a donc même pas conflit dans un cas pareil, et le droit à l'extradition résulte des premiers principes du droit international. Seule la vieille superstition touchant l'indépendance territoriale de l'État peut parvenir à jeter le doute sur cette question.

Et l'on remarquera que cette méthode, qui fournit à l'extradition son fondement juridique, explique les restrictions qu'une sage pratique a mises à son emploi. On n'extrade pas son national : cela se comprend, puisqu'on le punit, et que, par ce châtiment, l'intérêt public de l'État requérant se trouve satisfait. L'extradition est refusée pour crimes politiques : cela s'explique encore. Outre que le crime politique reproché au réfugié n'est peut-être pas un crime aux yeux du Souverain de l'État de refuge, ce dernier peut craindre que le coupable prétendu ne trouve pas une véritable justice chez les représentants de l'État qu'il a offensé ; il peut pour ce motif contester l'intérêt public allégué par l'État réclamant à l'appui de sa réquisition (1). Il se refusera pour ce motif à la livraison demandée, parce qu'il conteste la légitimité du titre qui sert de base à la demande.

Une autre question aussi célèbre est celle de la navigation des fleuves, — nous ne disons pas seulement des fleuves internationaux, mais des fleuves en général. On se rappelle toutes les difficultés suscitées par l'exécution des décisions du Congrès de Vienne touchant la liberté des fleuves internationaux. Ces difficultés ne sont même point encore closes à l'heure qu'il est. Cependant, si l'on veut bien oublier un instant le prétendu dogme de l'omnipotence territoriale de l'État, et se demander quels intérêts sont engagés dans la question, la solution n'en est point douteuse.

L'État commerçant a évidemment un intérêt public de premier ordre à ce que ces voies de communication plus faciles et moins coûteuses

____

(1) Grivaz, *Nature et effets du principe de l'asile politique*, p. 123 et suiv.

4

soient ouvertes à ses sujets. Il n'y va pas pour eux de l'existence de leur commerce international, mais de l'extension et de la prospérité de ce commerce. Quant à l'État territorial il n'a absolument aucun intérêt avouable à opposer à cette prétention. La navigation d'autrui ne gêne pas sa propre navigation ; l'existence d'une flotille de commerce dans ses eaux intérieures ne menace en rien sa propre sûreté ; quant à ses intérêts fiscaux, la réserve toujours faite de l'application intégrale de ses lois de douane les garantit pleinement. Qu'objecterait-il ? Qu'il est regrettable de perdre une aussi belle occasion de battre monnaie sur les nécessités d'autrui ? C'est une raison en effet, mais si on l'accueille, on se montre vraiment trop rigoureux lorsqu'on pourchasse les pirates.

Nous considérons comme semblable aux deux précédentes la question si souvent débattue, de la force obligatoire des traités. Examinons-la suivant les principes de notre méthode ; elle sera vite et sûrement résolue. Dans la reconnaissance de son droit aux prestations stipulées, l'État créancier verra avec raison la conséquence directe et inévitable de la reconnaissance de sa personnalité elle-même. On ne peut pas le reconnaître comme personne juridique distincte, pourvue de fonctions, douée de l'activité nécessaire pour les remplir, sans lui reconnaître du même coup et le droit de s'engager et le droit de réclamer l'exécution des obligations prises envers lui. La faculté d'obligation est la caractéristique de toute personnalité juridique. Le droit d'être satisfait a donc pour lui tout l'intérêt qui s'attache à la reconnaissance de sa personne. L'État débiteur chercherait en vain au contraire un intérêt public à opposer à celui-là (1). N'allons pas trop loin cependant, car il est possible qu'un État ait un véritable intérêt de souveraineté à refuser de remplir les engagements par lui contractés. Il en serait ainsi par exemple si la

____

(1) De la part de l'État qui prétend ne point exécuter un traité, on peut toujours relever une contradiction. Il demande à faire de sa souveraineté un usage qu'il s'est interdit à lui-même librement en pleine connaissance de cause, reconnaissant par là qu'il a un intérêt plus grand à observer le traité qu'à le violer. On conçoit qu'une prétention de ce genre ne puisse être admise que si des événements inattendus rendent le traité menaçant pour la souveraineté de l'impétrant (Cf. Jellinek, *Die rechtliche Natur der Verträge*, p. 42 et 58 et suiv.).

prestation qu'on lui demande était contraire à ses intérêts vitaux, incompatible avec l'exercice de ses premières et principales fonctions. Son refus pourrait alors être légitime, et le droit international déciderait sur ce point.

La guerre moderne reconnaît universellement un principe hautement humain et recommandable. Toute violence inutile est par là même illicite, contraire au droit de la guerre. Ce principe est encore une application directe de notre mode de raisonnement. Certes tout État a intérêt à ce que l'on ne fasse pas violence à ses sujets ; quant à l'ennemi, il n'a aucun intérêt à infliger des maux qui n'avanceraient en rien le succès de ses opérations.

Dans les diverses hypothèses par nous parcourues et dans bien d'autres sans aucun doute, il n'y a même pas de véritable conflit. Une seule des prétentions en présence est intéressante pour la souveraineté de l'État qui l'a émise : elle doit donc triompher faute d'un obstacle qui puisse rendre son succès douteux dans le sein d'une communauté qui ne peut avoir d'autre loi raisonnable que le respect de la souveraineté de ses membres.

24. 2° Franchissons un degré, et supposons une question internationale à la solution de laquelle les divers États en cause ont chacun un intérêt distinct mais un *intérêt semblable*. Cela se produit lorsque la question touche à la souveraineté de tous ces États par un côté identique, ou, ce qui revient au même, concerne la même fonction publique pour chacun d'eux. Les États étant généralement égaux et ayant une vocation identique à jouir des avantages du commerce international, on pressent que, lorsque les circonstances se présentent ainsi, la solution bonne pour l'un sera bonne aussi pour tous les autres et que la seule difficulté sera de bien choisir le parti le plus favorable à leur intérêt commun. C'est une juridiction gracieuse bien plutôt qu'une juridiction contentieuse que notre science exerce dans l'hypothèse, et l'on peut compter que cet état de fait particulièrement favorable lui permettra de marcher d'un pas singulièrement plus rapide dans la voie du progrès.

Nous considérons comme faisant partie de cette classe les points suivants :

a) Les questions d'équilibre entre États. Bien que d'une nature avant tout politique, ces questions ont un côté juridique que l'on a grand tort de laisser dans l'ombre. L'équilibre de puissances entre États ou entre groupes d'États, n'est pas le droit lui-même, mais il est la meilleure garantie du droit. Un Souverain, si ambitieux et si pervers même qu'on le suppose, ne se hasardera pas à la légère à troubler les droits légitimement acquis par ses voisins s'il les sait soutenus par une force capable de lui fournir une résistance sérieuse, et c'est précisément à ce résultat qu'aboutit un état d'équilibre bien organisé entre les puissances. Il est capable de faire plus pour le maintien de la paix que les projets de paix perpétuelle les plus mûris. L'équilibre a été, il est vrai, fort décrié et on a mis à sa charge bien des méfaits dus à la seule ambition. Mais le meilleur argument que l'on puisse donner en sa faveur est qu'il est en fait fort recherché par la politique qui ne se dissimule point qu'il constitue le meilleur garant du droit de chacun (1).

Quoi qu'il en soit, l'équilibre nous présente un bon exemple d'état à

(1) Le principe de l'équilibre politique est généralement fort maltraité dans le camp du droit international. On lui reproche plu[sieur]s méfaits, celui surtout de servir de prétexte à des acquisitions faites au mépris du droit d'autrui (Comp. au point de vue historique, E. Nys, *La théorie de l'équilibre européen*, dans la *Revue de dr. intern. et de lég. comparée*, t. XXV (1893), p. 34 et suiv. ; Bulmerincq, *Praxis, Theorie, etc.*, p. 40 et suiv. V. pour le droit actuel, Bonfils-Fauchille, *Manuel de dr. internat. public*, p. 122 et suiv.). Il y a quelque chose de juste dans ces critiques, mais aussi de l'exagération. Faire de l'idée d'équilibre la base du droit public européen est lui donner une compétence que ne saurait avoir un principe purement passif et neutre comme celui-là. L'idée d'équilibre ne saurait nous enseigner quels sont les droits et les devoirs des nations. Mais, comme nous le disons au texte, l'équilibre est précieux et doit être maintenu à titre de constante garantie des droits de chacun. Et, pour méconnaître son importance, il faut véritablement fermer les yeux à la lumière. N'est-ce pas la crainte d'une rupture d'équilibre qui sauve les derniers jours de l'Empire ottoman, et si, comme beaucoup le croient, nous sommes à la veille d'une dissociation de l'immense Empire chinois, quels reproches ne mériterait pas une diplomatie qui traiterait cette affaire sans aucun souci de l'équilibre entre les puissances ? Il y a donc dans les rapports des nations entre elles un véritable droit à l'équilibre, mais cela ne veut pas dire que les peuples puissent l'invoquer pour se dépouiller les uns les autres. L'équilibre peut être atteint et maintenu par des moyens pleinement respectueux des droits de chacun.

l'établissement et au maintien duquel tous les peuples ont un intérêt public égal. Il existe donc un véritable droit à l'équilibre, et il est de ceux dont la poursuite peut s'appuyer sur les meilleures raisons, puisque, en cette matière, chacun n'est jamais que le porte-parole de l'intérêt commun.

b) Les questions de possessions territoriales, évidemment dominées par cette idée élémentaire, qui est du droit public comme du droit privé, qu'il faut rendre à chacun le sien. Sur ce terrain encore les intérêts publics des divers États sont identiques, et leur besogne commune doit être d'établir, d'un parfait accord, sur l'acquisition territoriale des règles simples, claires, respectueuses des préceptes de la justice. Ne nous dissimulons pas cependant que l'adoption de règles juridiques équitables, et surtout leur observation rencontreront ici un obstacle sérieux dans l'ambition et la soif des conquêtes. Le droit se heurte sur ce point à l'une des passions les plus enracinées chez les Souverains, cette avarice d'un genre spécial qui leur fait considérer comme utile à leur gloire et indispensable à leur bonheur l'agrandissement de leur domaine territorial (1).

c) Les questions d'expansion coloniale. Rationnellement la politique d'expansion ne peut s'autoriser que d'une seule considération, le devoir

(1) Cette matière est, suivant toute apparence, celle où l'autorité du droit parviendra plus difficilement à triompher des passions individuelles. Ce n'est pas cependant que l'application des principes soit ici plus incertaine qu'ailleurs. Au contraire. Donnons-en comme exemple la question célèbre du plébiscite dans l'annexion. Elle se décompose en deux, à notre avis. 1° L'État annexant peut-il acquérir une véritable souveraineté sur un territoire en dépit de la protestation des habitants ? Ce qui peut faire douter de la réponse à cette question, c'est qu'il est contradictoire de considérer la souveraineté comme basée sur le consentement du peuple au point de vue intérieur, et de faire abstraction complète de ce consentement dans la matière du transfert international de cette même souveraineté. En supposant ce premier point décidé dans le sens de l'affirmative, vient une seconde question. 2° L'État annexant a-t-il un intérêt public à soumettre de force à sa souveraineté une population qui se refuse à l'accepter ? A ce point de vue il nous paraît raisonnable de dire qu'un État n'a pas un intérêt public à étendre sa souveraineté sur un pays qui ne la subira jamais que sous l'influence de la force. Une acquisition semblable, loin d'être pour un pays un supplément de vigueur, constitue bien plutôt contre lui une cause permanente de faiblesse, et sa souveraineté ne gagne rien à une acquisition qui exige une perpétuelle coercition. Le maintien de l'état de siège en Alsace-Lorraine longtemps après la conquête est un argument puissant en faveur de notre thèse.

de l'État de collaborer à l'œuvre de la civilisation des peuples demeurés dans un état de barbarie. Cette vocation est commune à tous les peuples, elle engendre chez eux les mêmes intérêts et les mêmes droits, tel est le principe fondamental qui devra animer les règles destinées à trancher les compétitions possibles.

Le Congrès de Berlin, en faisant dépendre l'acquisition des territoires sans maître de l'occupation effective, a posé une règle sage et bien mesurée sur le but social civilisateur de toute occupation.

d) Le domaine des intérêts matériels est celui dans lequel s'est plus nettement affirmée cette facilité relative de solution des questions internationales soulevées par des intérêts semblables et communs. L'œuvre de ces dernières années a été grande, on le sait, et un grand nombre de traités appelés plus spécialement Unions ont été conclus qui dispensent régulièrement et pacifiquement le bienfait de leurs stipulations à la communauté internationale. Les Unions constituent le grand progrès de notre époque, et ce progrès a été relativement facile. Il ne faut sans doute pas oublier que ces questions ne sont pas de celles qui passionnent les peuples, et leur font prendre les armes, mais il faut mentionner aussi ce fait que ce développement rapide et étendu des règles juridiques propres à cet ordre de faits internationaux est dû à ce que l'intérêt public de tous les États est ici encore semblable, et consiste dans l'adoption d'une sorte de législature supérieure qui favorise le commerce international et lui donne les diverses garanties dont il a besoin.

e) On trouve jusque dans le droit de la guerre l'application à faire de ces idées. Prenons un exemple illustre, celui de la convention de Genève. Les deux adversaires ont un intérêt public égal à ce que leurs blessés et leurs malades soient recueillis, soignés, et mis le plus tôt possible à l'abri des accidents ultérieurs des hostilités. Dans de semblables circonstances on comprend que les belligérants puissent s'entendre sur les termes d'un accord propre à donner satisfaction à leurs besoins communs ; c'est en effet ce qui est arrivé grâce au zèle des promoteurs de cette convention (1).

(1) D'une façon générale on ne peut pas dire que la guerre réduise à néant le principe

f) La matière du droit international privé nous fournira encore certains exemples de ce cas élémentaire de conflit entre des souverainetés diverses. Ainsi, au sujet de la détermination du statut personnel. Chaque État a un intérêt public certain à ce que ses ressortissants soient pour certains de leurs rapports juridiques assujettis en tout lieu à l'observation de ses propres lois. L'effet même, et l'action sociale de ces lois, dépend de cette qualité que l'on appelle leur extraterritorialité, nous l'avons démontré ailleurs. L'intérêt de l'État est donc celui de l'efficacité du pouvoir législatif dans les rapports internationaux. Cet intérêt existe dans son domaine, identique pour tous les États. Il semble donc qu'il devrait être assez facile pour eux de s'entendre sur la détermination du statut personnel et sur les limites de son domaine. En fait, s'il en est autrement, et bien des doutes existent encore sur ce point, c'est en partie à cause du prestige conservé par le prétendu principe de la territorialité des lois, et en partie parce que nos matières sont demeurées jusqu'ici en dehors de l'activité politique des hommes d'État. On pourrait signaler bien d'autres points du droit international privé sur lesquels les diverses souverainetés ont des intérêts parallèles et semblables.

L'identité des intérêts en présence est, on le voit, un facteur précieux dans notre science, facteur qui se rencontre fréquemment et qui aide puissamment à la solution des questions qui surgissent des rapports internationaux.

25. 3° Il arrive aussi bien souvent qu'un conflit mette en présence des intérêts publics divergents, parfois opposés, parfois même inconciliables. Les questions de ce troisième ordre sont évidemment les plus difficiles de toutes. Délicates, elles le sont à deux points de vue : d'abord, parce qu'il peut être fort malaisé de juger laquelle des prétentions en présence est la plus respectable ; ensuite, parce que le triomphe de la cause la meilleure entraine la défaite de la cause la plus faible, et par suite la

de la reconnaissance des États et de leur respect mutuel pour leur souveraineté. Ce principe n'est suspendu qu'en tant que son observation pourrait mettre obstacle au but poursuivi par les belligérants. Au delà il subsiste et demeure le fondement commun des règles du droit de la guerre (V. Heilborn, *Das System des Völkerrechts*, p. 283).

méconnaissance consciente et voulue d'intérêts publics certains, et qui auraient droit au respect, s'ils n'étaient en présence d'intérêts plus forts et qui les relèguent au second plan, au lieu que, dans l'hypothèse précédente, on peut toujours trouver une solution commune qui procure une satisfaction égale à tous les intéressés. Lorsqu'une question met en présence des intérêts différents, un sacrifice s'impose nécessairement, et il est alors de l'intérêt commun que l'on réduise le sacrifice exigé à la mesure la moindre possible.

26. Le moindre sacrifice et le plus juste sera celui qui pèsera également sur chacune des parties, et, lorsqu'il sera possible de terminer le différend par une sorte de transaction, il n'est pas douteux que cette transaction devra être tentée. En cas de guerre, il est évident que le commerce des neutres, par les ressources qu'il fournit aux belligérants, énerve et ralentit l'action hostile. Il est tout aussi certain que l'interdiction absolue de ce même commerce, en restituant à ces belligérants la liberté la plus grande de combattre, aurait l'inconvénient de léser profondément leurs intérêts publics. La théorie de la contrebande de guerre est un moyen terme entre ces deux extrémités : elle impose à chaque partie un sacrifice, aux belligérants l'obligation de tolérer la continuation du commerce neutre, aux neutres le devoir de s'abstenir de toute fourniture d'objets propres à être employés aux hostilités. Une obligation compense sensiblement l'autre, le sacrifice compensé est bien l'idéal du moindre sacrifice. De même, les règles du blocus sont une autre transaction inspirée par cette idée que l'on n'imposera aux neutres le sacrifice de leurs relations avec le port bloqué qu'autant que l'ennemi fera preuve de son aptitude à poursuivre effectivement les hostilités sur ce point.

Cette fonction de l'idée de transaction dans le droit international public est certaine, et l'on relèvera comme significative cette circonstance que les règles prises par nous pour exemple dérivent de la coutume, cette vivante expression des besoins des nations.

VI

PRINCIPES TOUCHANT LA SOLUTION DES DIVERSES SORTES DE CONFLITS (suite).

27. Conflits n'admettant pas l'usage de la transaction. Solution par la comparaison de l'importance des intérêts engagés dans le litige. — 28. Applications. Condition des navires dans des eaux territoriales étrangères. — 29. Privilèges des ambassadeurs. — 30. Protection des nationaux à l'étranger. — 31. Exécution des traités. — 32. Occupation en temps de guerre. — 33. Application de la théorie dans le domaine du droit international privé. — 34. Résumé des bases de la théorie.

27. La voie de la transaction n'est pas elle-même toujours ouverte. Bien des prétentions ne sont pas susceptibles de plus ou de moins, ou encore se posent de telle façon qu'elles s'excluent l'une l'autre. On se demande si, dans une circonstance donnée, un État a observé ou n'a pas observé la neutralité. La question est de celles qui ne peuvent recevoir qu'une solution absolue, car on peut être neutre ou ne pas l'être; il n'est pas admis aujourd'hui, comme cela l'était autrefois, que l'on soit neutre pour partie. De même, lorsqu'on discute si une marchandise saisie est sujette à confiscation comme constituant de la contrebande de guerre, on ne peut pas échapper à la nécessité de répondre par oui ou par non à une semblable question. Il en est ainsi encore dans les questions de nationalité : une personne peut appartenir à l'une ou à l'autre de deux nationalités, mais non pas aux deux simultanément, au point de vue rationnel au moins, et si, en fait, cette situation est fréquente, elle atteste seulement par là les imperfections de la pratique, car on sait qu'elle ne peut pas se produire sans être pour la personne qui la subit la source d'irrémédiables embarras.

Sans parler davantage des problèmes qui par la force des choses répugnent à toute transaction, il est certain que souvent ce procédé, quoique applicable en fait, ne satisferait nullement aux besoins du commerce international. Oserait-on parler d'une liberté limitée pour un ambassadeur, d'une protection limitée pour les nationaux voyageant à l'étranger? Ce serait presque une dérision. Que faire en pareil cas? L'unique solution rationnelle d'un débat de ce genre nous paraît être d'établir une comparaison entre l'importance que présente pour chacun des États en jeu la prétention qu'il soutient, et de sacrifier celle qui sur l'échelle ainsi dressée occupe le rang inférieur. C'est là la comparaison quantitative, à laquelle nous faisions allusion plus haut. Ce procédé présente l'avantage considérable et décisif de s'attacher fidèlement au seul élément commun que présentent les litiges du ressort du droit des gens, au seul élément que son importance évidente désigne pour le rôle suprême d'arbitre. Ces litiges intéressent tous la souveraineté des États qui y sont engagés, et cette souveraineté elle-même chez les peuples possédant le même degré de civilisation se retrouve partout identique. Quelle que soit la forme du gouvernement et quelques institutions qu'il emploie, la souveraineté naît chez eux des mêmes besoins et comprend les mêmes attributions. Ces attributions étant évidemment d'importance inégale pour l'État qui les possède, il est possible d'en former une liste générale d'après l'ordre de leur importance, et de juger ainsi de la valeur respective des prétentions des États par l'intérêt public qu'ils ont à les voir admises. Cette méthode qui néglige la puissance relative des adversaires, qui repousse toute préférence établie *à priori* et non susceptible de démonstration pour appuyer dans chaque cas ses décisions sur un motif d'intérêt majeur parfaitement intelligible à tous, nous paraît bien correspondre à la fois à l'intérêt commun des États et aux exigences de la justice, et contenir en puissance le régime de justice et de paix sociale le moins imparfait qu'ils puissent espérer d'atteindre dans l'état présent de leurs relations.

Ne disons donc pas que le droit des gens a pour mission de concilier partout et toujours les litiges entre États. C'est lui attribuer un rôle parfois impossible à remplir, et le discréditer plutôt que le servir. Disons plus modestement que notre science a pour devoir de concilier les prétentions rivales des peuples lorsqu'une conciliation respectueuse des droits de chacun est possible, et, lorsqu'elle ne l'est pas, disons que sa mission consiste à rendre une sentence qui fasse triompher l'intérêt public le plus fort, et prescrive par suite le moindre sacrifice possible. C'est en demeurant rigoureusement fidèle à cette règle qu'il servira le mieux la cause de la communauté internationale.

Nous développerons bientôt cette méthode en exposant les idées qu'elle comporte quant à la systématique de notre science. Pour le moment, faisons voir par quelques exemples le nouvel aspect qu'elle donne à certaines questions bien connues de notre domaine.

28. La question de la condition des navires dans les eaux territoriales étrangères d'abord. Nulle difficulté n'est plus grave que celle-là, on le sait. Que l'on assimile le droit de l'État sur la mer littorale à son droit sur le territoire, que l'on en fasse un droit différent et innommé, ou enfin qu'on le considère comme une servitude internationale, cela n'apprend rien à qui se demande en quoi les navires étrangers présents dans ces eaux sont sujets aux ordres des magistrats locaux, et en quoi ils sont indépendants de leur autorité. Si, au contraire, on considère que l'arrivée d'un navire dans des eaux territoriales étrangères met en présence la souveraineté dont il porte le pavillon, et celle dont il approche le territoire, on acquiert par là même le moyen de trancher les conflits qui peuvent se produire. Il est certain que, lorsque l'État littoral n'a aucun intérêt de souveraineté à étendre son autorité au navire, par exemple lorsqu'il s'agit de quelque litige entre le capitaine et un homme de l'équipage, il serait purement abusif de l'y autoriser. Lors, au contraire, qu'un intérêt public existe pour le Souverain du pays littoral, il n'y a autre chose à faire qu'à le mettre en balance avec l'intérêt qu'a le capitaine représentant de son Souverain à y résister. La distinction classique faite en matière de délits commis par quelqu'un de l'équipage suivant que l'action criminelle a troublé ou n'a pas troublé l'ordre public local me paraît être une application, inconsciente peut-être, mais évidente, de notre méthode de comparaison des intérêts publics en jeu. Et cette méthode va nous rendre compte de certaines particularités que personne ne conteste, mais que personne n'explique suffisamment. Il est certain que la condition des

navires dans les eaux territoriales d'un pays étranger varie suivant les circonstances. S'ils ne font que passer le long des côtes, leur sujétion est presque nulle, et se manifeste tout au plus par certains règlements obligatoires sur la route à suivre. S'ils s'arrêtent dans une rade, elle est déjà plus considérable, et une juridiction de police assez étroite viendra limiter la liberté du commandant. S'ils entrent dans un port fermé, elle sera plus étroite encore. Pourquoi ces différences de liberté entre navires qui se trouvent tous également dans les eaux territoriales d'un même État? Parce que, suivant les circonstances, l'État littoral a un intérêt plus ou moins grand à les soumettre à ses lois, parce que plus ils s'approchent de la terre et surtout plus ils prolongent leur séjour à proximité, et plus ce séjour peut présenter de dangers pour le peuple qui leur accorde l'hospitalité.

29. De même, les privilèges reconnus aux ambassadeurs et aux Souverains étrangers nous paraissent signifier tout simplement la reconnaissance de cette idée qu'un État a un intérêt public plus grand à assurer la liberté de ses relations internationales par l'indépendance de ses mandataires qu'un autre État n'en a à assujettir ces personnes à l'autorité de ses lois. C'est là le vrai sens, le sens rationnel et justifiable du privilège d'exterritorialité, et l'on voit que l'on est bien loin en le suivant des exagérations auxquelles ce fameux privilège a jadis servi de prétexte. Par là on arrivera à donner une solution facile aux conflits que ce droit peut faire naître (1), et surtout on réussira sans trop de peine à fixer la situation à faire aux consuls (dans les pays d'Occident), situation qui prête, on le sait, à de graves controverses (2).

---

(1) Par exemple, la question de savoir à quelles personnes s'étend le privilège dit d'exterritorialité me semble pouvoir être résolue assez simplement par cette idée que ce privilège appartient aux personnes dont la liberté importe à la liberté même de l'ambassadeur, et cette règle conduit à confirmer la pratique qui étend le privilège non seulement aux fonctionnaires dont la collaboration lui est utile ou indispensable, mais aux membres de sa famille, à son épouse par exemple, car les vexations auxquelles celle-ci pourrait être en butte ne laisseraient pas à l'ambassadeur la liberté d'esprit que requiert l'accomplissement de ses délicates fonctions. Au contraire, en ce qui concerne les serviteurs de l'ambassade, l'extension du privilège est purement une question d'égards et de courtoisie.

(2) Bien que le privilège d'exterritorialité n'ait jamais été reconnu aux consuls exerçant

30. Les questions de protection des nationaux à l'étranger, si fréquentes, si incertaines, si délicates, sont de celles qui font naitre un véritable conflit, souvent très embarrassant. D'une part, le devoir du Souverain national de ces expatriés est bien de veiller à ce qu'ils puissent se livrer sûrement et commodément au commerce international, qu'ils obtiennent justice, car sans la justice la vie sociale est impossible, qu'ils n'aient point à souffrir de leur qualité d'étranger, qualité qui dans l'état actuel de notre civilisation est une cause de différenciation, mais non une cause d'infériorité. Ce devoir résulte pour le Souverain de sa souveraineté même qui le constitue protecteur de ses sujets. D'autre part, le Souverain du pays de résidence a un intérêt évident à ce que la présence d'étrangers sur son territoire ne dégénère pas pour lui en difficultés d'administration insurmontables et, en responsabilités injustes et inévitables. Il y aura lieu de combiner ces deux intérêts opposés, et, dans chaque cas, avant de dire le droit, il y aura lieu de se demander jusqu'à quel point chacun de ces intérèts est engagé dans l'affaire.

31. La matière si pratique de l'exécution des traités fait surgir également ment un conflit des plus graves. On lui applique souvent sans grande réflexion les règles du droit commun, et il est facile de voir pourtant que l'application des lois civiles est ici dominée par la concurrence de deux intérêts publics opposés : l'intérêt que présente l'observation de la foi due aux traités, et l'intérêt du débiteur, sans que l'on puisse dire *à priori* lequel est supérieur à l'autre : tout dépend de la nature de l'intérêt public du débiteur, et cet intérêt peut être si pressant qu'il surpasse même le principe sacré de la foi due aux conventions. Tout dépend donc ici encore du degré d'importance de l'attribution de l'État dont le fonctionnement serait entravé par l'observation du traité. Voilà, à notre avis, la vraie question internationale soulevée par cette matière. Le reste n'est que travail d'interprétation et respect de l'équité, deux aspects

leurs fonctions dans les pays d'Occident, il me paraît certain qu'ils doivent y jouir d'une indépendance assez grande pour que leur action soit soustraite à tout contrôle de la part des autorités locales. Entre leur situation et celle de l'ambassadeur il subsiste une différence de mesure plutôt que de principe, et cette différence s'explique par l'importance et la majesté plus grandes des fonctions de l'ambassadeur.

relativement auxquels les précédents du droit privé peuvent en effet être utilement consultés.

Les obligations pécuniaires contractuelles des États, celles en particulier qui dérivent des emprunts, ressortent des mêmes principes, et nous n'adhérons pas à l'assimilation célèbre faite par Palmerston entre l'insolvabilité d'un État et celle d'un individu (1). Ces dettes sont réclamées au nom de l'intérêt public, le payement en est refusé au nom de l'intérêt public. Cela suffit à donner à la question sa véritable physionomie et cela contribue, à notre avis, à rendre plus sûre la solution des difficultés qu'elle soulève.

32. Le droit de la guerre, lui aussi, peut fournir quantité d'applications intéressantes de notre méthode, bien qu'ici l'intérêt de la belligérance c'est-à-dire de la justice à obtenir par la force soit prépondérant, et plie difficilement devant les intérêts contraires qui peuvent lui être opposés. Bornons-nous à un exemple, celui de l'occupation hostile. L'intérêt public du pays occupé est fréquemment en conflit direct avec celui de l'occupant. L'occupant ne respire que violences et destructions, l'occupé aspire à une paix relative, et au rétablissement d'un commerce paisible. De là, de nombreux chocs, et tout un système de règles qui, peut-être plus évidemment qu'ailleurs, parce que le spectacle était moins attendu, témoignent du respect de l'ennemi pour la souveraineté de son ennemi partout où l'intérêt de ses opérations ne le contraint pas à la méconnaître. Le champ de bataille lui-même a une place pour ce respect et, dès que la lutte est suspendue ne fût-ce qu'un instant, l'usage des conventions entre généraux, le traitement coutumier des prisonniers sont

---

(1) V. Politis, *Les emprunts d'État*, p. 19 et suiv. Lord Palmerston, en posant le principe de l'assimilation complète des créanciers d'un État étranger et des créanciers d'un simple particulier, a méconnu une différence essentielle qui est celle-ci. Le créancier d'une personne privée a pour gage le patrimoine de cette personne ; il est certain que la justice ordonnera la réalisation totale de ce gage à sa requête : s'il n'est pas payé, c'est qu'il ne peut pas être payé. Le créancier de l'État n'a pas d'action en justice contre son débiteur, pas de moyen de contrainte contre celui-ci. Il court le risque de n'être pas payé non seulement en cas d'impossibilité, mais en cas de simple mauvais vouloir de son débiteur. C'est en effet ce qui arrive le plus souvent. De là, à nos yeux la légitimité de l'action diplomatique, et même de l'intervention.

des preuves de l'attention que garde chacun des adversaires pour la souveraineté de l'autre.

33. Enfin, il nous est impossible de ne pas indiquer un dernier trait de notre doctrine ; c'est qu'elle conduit aussi, et à l'aide des mêmes principes, à la solution des conflits du droit international privé. Est-ce chez elle un mérite ? Ceux-là ne le penseront pas qui considèrent ces deux branches du droit plutôt comme des victimes d'une homonymie fortuite que comme appelées à profiter des avantages d'une parenté réelle. Tel n'est pas notre avis (1). Il nous paraît certain que les conflits entre lois différentes sont aussi des conflits entre souverainetés, parce que la loi ne doit sa force qu'à la qualité souveraine des législateurs qui l'ont édictée. S'il en est ainsi, si l'application d'une loi nationale à l'étranger et inversement la soumission des étrangers aux lois locales représentent pour les pays intéressés de véritables intérêts publics, les questions de conflit se présentent sous une physionomie bien particulière et qui est au moins fort nette : ce sont des conflits entre intérêts publics opposés, et à l'occasion desquels nous pourrions reproduire sans y changer un mot l'argumentation qui nous conduisait tout à l'heure à donner la préférence à l'intérêt le plus fort engagé dans le litige. La théorie du moindre sacrifice peut être transportée dans le domaine du droit privé international sans altération, elle y présente les mêmes raisons d'être : n'est-il pas vrai, en effet, que de plusieurs lois en présence il vaut mieux que celle-là soit choisie dont l'application présente pour l'État qui l'a faite le plus grand intérêt public (2), et où trouverait-on une solution plus respectueuse que celle-là des droits concurrents des diverses législations ? Il faut, en vérité, pour l'admettre, se dé-

---

(1) Comp. notre *Etude sur le droit international privé considéré dans ses rapports avec le droit international public*, dans la *Revue pratique de droit international privé*, 1891, 2, p. 105 et suiv.

(2) C'est la théorie que nous avons déjà soutenue en disant que l'effet international des lois privées doit être mesuré sur le but social que le législateur en les promulguant a voulu atteindre, car l'intérêt public de la loi consiste précisément dans la réalisation de l'objet que son auteur s'est proposé (V. notre *Essai d'un système général de solution des conflits de lois*, dans le *Journal du dr. intern. privé*, t. XXI (1894), particulièrement p. 724 et suiv.).

faire du vieux préjugé de la territorialité des lois civiles ; mais ce préjugé lui-même peut-il encore être sérieusement défendu dans un siècle où l'application des lois étrangères a pris partout une si grande place (1) ? Nous dirons donc que la territorialité ou l'extraterritorialité des lois ne dépendent de rien autre que de l'intérêt qu'a l'État qui les a portées à voir cette territorialité et cette extraterritorialité respectées. L'intérêt le plus faible cédera à l'intérêt le plus fort : en cela consiste l'obligation juridique dont les peuples sont mutuellement tenus.

Comme précédemment nous montrerons par un exemple à quel point certaines questions sont simplifiées par l'usage de notre méthode. Choisissons la question célèbre des successions immobilières. Le conflit existe entre la loi de la situation et le statut personnel du défunt, et, si longue qu'ait déjà été la lutte, elle n'est point encore achevée. Posons la question à notre point de vue, et nous la verrons se dénouer d'elle-même. L'État national a un intérêt évident à ce que les successions de ses nationaux soient régies, même quant aux biens situés à l'étranger, par ses lois nationales. Le régime des successions est en rapport immédiat avec la constitution de la famille, et la constitution de la famille intéresse directement l'État. Rendre les droits de la famille indépendants de la situation des biens constituant le patrimoine de ses membres, c'est donc leur conserver toute leur force dans les rapports internationaux, c'est leur assurer la plénitude de leurs effets sociaux. Tout cela ne peut être indifférent à l'État qui compte cette famille comme sienne et a organisé les droits respectifs de ses membres au mieux des intérêts de la société nationale dont elle fait partie. Au contraire, on chercherait en vain quel intérêt l'État sur le territoire duquel ces biens sont situés peut

____

(1) La territorialité des lois n'est bien évidemment qu'une conséquence de la territorialité de la souveraineté. D'Argentré est sur ce point aussi net que possible. L'erreur commune à tous ceux qui prétendent conserver dans leur intégrité des principes justes il y a trois siècles consiste à considérer les lois et la souveraineté comme des institutions douées d'une nature immuable, d'un effet invariable et à fermer obstinément les yeux à ce fait que toutes les institutions sociales, les lois comme toutes les autres, subissent nécessairement des modifications parallèles aux modifications éprouvées par la société pour laquelle elles sont faites. L'histoire des institutions juridiques devrait cependant prévenir de semblables erreurs,

avoir à les soumettre à ses propres lois au point de vue de la succession pour cause de mort. Cet intérêt n'existe pas ou n'existe que dans les cas très rares où l'application du droit successoral étranger entraînerait la constitution de certaines formes de propriété inconnues dans le lieu de la situation et incompatibles avec l'ordre général de ce lieu. On a tenté parfois de justifier la thèse triomphante de la réalité de la succession immobilière en alléguant que les successions ont un caractère politique. Nous dirions volontiers que c'est précisément parce qu'elles ont un caractère politique qu'elles doivent être régies par la loi personnelle du défunt. Il est évident, en effet, pour qui veut y penser un instant, qu'elles ne présentent d'intérêt et de caractère politique que par rapport à l'État auquel appartient le défunt et que c'est là la raison qui doit déterminer l'application des lois de cet État (1).

La méthode que nous venons de développer a donc pour conséquence de ramener à un seul grand système tous les rapports juridiques internationaux des États. Elle part de cette idée première que toutes les questions qui surgissent soit entre États soit entre citoyens d'États divers soulèvent des questions intéressant à des degrés égaux ou inégaux les souverainetés respectives de ces États. Elle procède de cette considération que la souveraineté des diverses personnes publiques intéressées dans chaque conflit est également respectable (bien que leurs droits ne soient pas toujours égaux, ainsi que nous l'avons déjà observé) comme est respectable un fait social nécessaire et qui développe ses effets pour le bien de l'humanité. Elle arrive ainsi à un premier résultat, c'est que les intérêts des diverses souverainetés en présence doivent toujours être conciliés lorsqu'ils tendent vers le même objet et peuvent être en même temps satisfaits, et que par suite toute prétention émise par l'une d'empiéter sans nécessité sur la liberté de l'autre est illicite au premier chef et contraire aux droits de la communauté internationale. Elle aboutit enfin en cas de conflit véritable à mesurer les droits de chacune sur l'intérêt qu'elle a au triomphe de sa

____

(1) Comp. notre *Essai* précité, dans le *Journal du dr. intern. privé*, t. XXI (1894), p.753.

cause, jugeant que, dans les cas nombreux où un sacrifice est indispensable, le seul moyen juste et péremptoire de l'exiger est de démontrer que ce sacrifice est le moindre de ceux qui apparaissent nécessaires, celui par conséquent qui ménage le plus les droits de la souveraineté et ceux de l'humanité.

Tel est ce principe du plus grand respect de la souveraineté, telle est cette loi du moindre sacrifice qui est, à nos yeux, l'expression la plus élevée et la plus juste des rapports juridiques des États (1).

Tout cela est fort simple, trop simple peut-être, et l'on sera porté à juger que des principes aussi faciles seront impuissants à résoudre les délicats problèmes du droit des gens. Nous avons montré cependant que plusieurs questions choisies parmi les plus ardues, s'éclairent d'un jour nouveau lorsqu'on les soumet à l'épreuve de cette méthode. Il nous est impossible de pousser plus loin cet examen du détail, mais nous exhortons ceux qui nous liront à le faire, certain que son emploi leur réserve d'assez grandes satisfactions.

Dirons-nous après cela qu'elle constitue la panacée destinée à guérir les maux de l'humanité? En aucune façon. Notre ambition ne va pas jusque-là ! Pour leur malheur les conflits entre nations mettent en jeu leurs passions aussi bien que leurs intérêts. Il en sera toujours ainsi. Notre méthode peut donner une théorie simple, claire et bien assise des droits des États, et cette théorie elle-même peut rendre quelques services aux relations des peuples entre eux en les éclairant sur leurs droits et leurs devoirs, en leur disant ce qu'ils ont à faire s'ils veulent n'écouter que la voix de la justice. C'est tout ce que peut attendre le jurisconsulte, et son œuvre n'est pas pour cela inféconde. Les passions sont d'un moment, les intérêts demeurent toujours, et l'exemple du passé nous démontre que la voix importune de la raison trouve elle aussi son heure qui est alors celle d'un triomphe définitif parce que la justice ne vieillit pas.

(1) La politique de son côté n'a jamais d'autre mobile que celui de l'intérêt, mais elle sacrifie trop souvent à l'intérêt égoïste immédiat de l'État l'intérêt général de la collectivité des États. On peut lui reprocher non pas de partir d'un faux principe, mais plutôt d'en faire fréquemment de fausses applications. C'est ce que nous verrons mieux en traitant à la fin de cette étude des rapports de la politique et du droit des gens.

§ VII

IDÉES GÉNÉRALES TOUCHANT LA CLASSIFICATION DES FONCTIONS DE L'ÉTAT.

34. Conditions d'une semblable classification. — 35. Classement des fonctions de l'État. Méthode empirique. Elle serait défectueuse en la matière. — 36. État de la littérature juridique à ce point de vue. Bodin, Puffendorf, Wolf, Vattel, Cumberland, Bluntschli. — 37. Insuffisance des méthodes du droit administratif et de l'économie politique. — 38. Relation de la fonction au but. Distinction du moyen et de la fonction. Droits de faire les lois, d'avoir une armée, de lever des taxes.

34. Nous nous sommes appliqué jusqu'ici à montrer que les États ne sont tenus les uns à l'égard des autres que d'une seule grande obligation de respect de leurs fonctions mutuelles qui doit les faire s'incliner devant les prétentions qui leur sont dénoncées à l'occasion, si ces prétentions sont fondées sur l'intérêt public de l'État qui les émet et si elles ne heurtent pas un intérêt public plus considérable encore de l'État auquel elles sont adressées. Tout conflit, avons-nous dit, est une lutte entre deux devoirs, une contestation dans laquelle chacune des parties au litige prétend exercer un attribut de sa souveraineté, une de ses fonctions, dans des conditions de fait qui la mettent en contact avec la souveraineté de la partie adverse et gênent plus ou moins l'exercice de cette dernière. Tout conflit, suivant nous, doit se résoudre par une transaction équitable, si elle est possible, ou sinon par le triomphe de l'État dont le droit est le plus fort parce qu'il met en jeu un intérêt public plus grand que celui qui sert de base à la prétention opposée.

Cette méthode impliquant nécessairement une comparaison de l'intérêt public que représente dans tout conflit chacune des prétentions adverses suppose deux conditions de fait : 1° que l'exercice de chacune des fonctions comprises dans l'expression générale de souveraineté présente pour tout État un intérêt égal ; 2° que les diverses fonctions dans lesquelles la souveraineté consiste peuvent être classées par ordre d'importance. La première de ces propositions ne peut pas être démontrée, car elle exigerait une enquête sur un élément purement subjectif, l'importance que présente pour tel État pris en particulier l'exercice de telle fonction déterminée, élément que ne peut connaître avec sûreté que le seul gouvernement intéressé. Force est donc d'accepter l'idée de l'égalité des États à ce point de vue et d'admettre que la même fonction présente pour tout État civilisé un intérêt égal. C'est un inconvénient, mais, qu'on le remarque bien, un inconvénient qui n'a rien de particulier à notre théorie. Toutes les fois que l'on parle de droits fondamentaux des États en droit des gens, on admet implicitement que les droits dont il s'agit sont fondamentaux pour tous les États, que ceux-ci ont à leur possession et à leur exercice un intérêt semblable. En réalité l'existence de tout droit international est à ce prix. Au surplus, il suffit de constater l'identité des fonctions remplies par les divers États en dépit des différences de leurs constitutions politiques pour en augurer à coup sûr que la souveraineté représente partout les mêmes intérêts et par suite que les mêmes intérêts publics ont pour tous les peuples une égale valeur.

35. Le classement des divers attributs de la souveraineté au point de vue de l'intérêt public qu'ils représentent, ou, ce qui revient au même, des diverses fonctions de l'État suivant leur valeur respective, nous paraît au contraire possible et utile. Ajoutons immédiatement qu'il n'est pas indispensable et que l'on pourrait laisser aux parties intéressées le soin de s'entendre sur la valeur respective de leurs prétentions opposées. C'est ainsi que les juges décident quotidiennement du caractère d'ordre public de certaines lois civiles sans s'aider d'aucune classification antérieurement faite (et il y a bien précisément là une question d'appréciation de l'intérêt public). On peut citer aussi dans cet ordre d'idées les actes de puissance publique qu'aucune loi ne détermine et dont les juridictions tant administratives que civiles ont charge de dresser la liste à l'occasion des questions de compétence qui se posent devant elles.

Mais cette méthode ne sera pas la nôtre. Il faut, en effet, tenir compte ici des conditions dans lesquelles s'engagent les litiges internationaux. On peut à la rigueur laisser à un juge expert autant qu'indépendant le soin de qualifier les prétentions des plaideurs au point de vue de l'intérêt public qu'elles présentent. Dans les relations internationales le défaut de juge rendrait ce procédé défectueux. Chaque État soutiendrait obstinément que sa cause est celle qui met en question l'intérêt le plus grave et, aucun ne voulant se rendre aux raisons de l'autre touchant ce point capital, toute possibilité d'entente se trouverait le plus souvent exclue. Il faut donc une règle générale, une classification bien connue et que personne ne puisse repousser sans mettre en péril ses propres intérêts. C'est cette classification que nous allons tenter d'établir.

36. Constatons d'abord qu'il existe sur ce point une véritable lacune dans la littérature juridique, lacune absolument inexplicable. On recherche les origines premières de l'État, on se préoccupe de ses diverses formes, de sa constitution politique, de sa naissance et de sa mort, on scrute avec un soin extrême les limites de son action, et l'on ne songe généralement pas à se demander quelles sont ses fonctions et quelle est l'importance relative de chacune d'entre elles. Il semblerait cependant que ce sujet dût le tout premier s'imposer à l'attention. S'il est un point certain, c'est que l'État n'a d'autre raison d'être que les fonctions qu'il exerce envers les sujets soumis à son autorité. Comment dès lors connaître l'État si l'on ne se fait une idée exacte du rôle qu'il joue, des services qu'il rend, en un mot des fonctions qu'il remplit.

Il y aurait de l'exagération à prétendre que ce sujet n'a jamais été abordé, il y en a moins à soutenir qu'il n'a jamais été sérieusement étudié. Lorsque Vattel, fidèle à la tradition platonicienne, enseigne que l'État doit réaliser tout ce qui importe au bonheur de ses sujets, il emploie une formule à la fois insignifiante et inexacte, car s'il est vrai que les services rendus par l'État contribuent au bonheur des sujets, personne, à moins d'être un illuminé, n'ira jusqu'à penser que l'État puisse se faire ainsi le garant du bonheur universel (1). Chez les anciens au-

(1) Vattel, *Le droit des gens*, préliminaires, § 12 à 16, 22 ; liv. I, ch. II, § 13 et suiv.,

teurs et en particulier chez les maîtres faisant partie de la célèbre école du droit naturel règne une confusion que l'on peut dire fondamentale. Ce que Wolf appelle les droits essentiels de la souveraineté, ce que Puffendorf qualifie de devoirs du Souverain, c'est ce que Bodin nommait bien plus exactement avant eux les diverses marques de la souveraineté, c'est-à-dire l'ensemble des signes extérieurs auxquels on reconnait l'autorité souveraine (1). On en trouve ainsi une longue série dans laquelle figurent, d'après Wolf, les éléments suivants : le droit de faire des lois et de dispenser de leur observation, le droit de punir, de faire exécuter les peines ou de les remettre au coupable, le droit de concéder des privilèges, d'instituer des monopoles, de conférer des offices, d'exiger le payement des impôts et les recueillir, le droit de disposer des aumônes, de frapper la monnaie et d'en déterminer la valeur, le droit de donner les dignités civiles, le droit de guerre et celui de traité, le *jus circa sacra*, enfin le domaine éminent sur les propriétés particulières.

Que ces divers droits appartinssent à la souveraineté au moment où Wolf écrivait son livre, cela est incontestable, que la plupart d'entre eux lui appartiennent encore, ce n'est pas moins certain, mais leur énumération ne nous dit rien du point qui nous intéresse, rien des fonctions de l'État. L'État est un organe constitué en vue de la réalisation de certaines fins sociales ; seule la connaissance de ces fins peut nous appren-

ch. VI, § 72 et suiv. ; liv. II, ch. I, § 1 à 20. L'idée que la société a été établie pour assurer à la nation la vraie félicité fait le fond de la doctrine de Vattel. Il en résulte au point de vue international cette autre idée également exprimée par l'auteur que chaque nation doit contribuer au bonheur et à la perfection des autres dans tout ce qui est en son pouvoir et lui prêter à cet effet son assistance sous la seule réserve de ce que Vattel nomme ses droits primordiaux. Tout cela est d'une doctrine faible, incertaine et empreinte d'une exagération extrême quant au rôle dévolu à l'État. Il est curieux de remarquer que de nos jours l'école socialiste est l'héritière directe de l'ancienne école du droit naturel. Les socialistes eux-mêmes prétendent faire de l'État un entrepreneur général du bonheur public. Les écoles individualistes plus modestes et plus respectueuses de la réalité des choses se bornent à voir dans l'État un simple garant des conditions sans lesquelles les activités particulières ne sauraient se développer et produire des résultats favorables au bien de l'individu et de la communauté.

(1) *Jus naturæ*, part. VIII, ch. I, § 60 et surtout ch. VI, *De juribus majestaticis*, § 810 à 960 ; Puffendorf, *Jus naturæ*, liv. VII, ch. IX, § 3 ; Bodin, *Les six Livres de la République*, liv. I, ch. X, p. 194 et suiv.

dre quelles sont ses fonctions essentielles, quels ses devoirs et quels ses droits qui ne sont eux-mêmes que des devoirs considérés sous un autre aspect. A ce point de vue la doctrine ancienne était incertaine et tout à fait embryonnaire. Bodin se borne à nous dire que le premier devoir d'un Prince est de faire justice, Puffendorf écrit à ce sujet que le bien du peuple est la souveraine loi ; Wolf estime que la souveraineté consiste dans le droit de déterminer ce que requiert le bien public (*imperium publicum consistit in jure determinandi ea quæ ad bonum publicum promovendum requiruntur*); Richard Cumberland s'applique à définir les sentences morales dont les États civils ne doivent pas s'écarter dans leur conduite. Il place sur la même ligne les lois naturelles et les vertus et nous fournit un exemple bien net de la confusion que commettait régulièrement la science politique ancienne entre le droit et le bien, entre ce que l'État doit faire pour accomplir sa fonction et ce qu'il peut faire pour l'accomplir le mieux possible (1).

La doctrine moderne n'est pas beaucoup plus instructive pour nous, et Bluntschli (2) par exemple ne se montre pas sensiblement supérieur à ses devanciers lorsqu'il assigne pour but à l'État le développement des facultés de la nation, le perfectionnement de sa vie, son achèvement. Sa formule comme celles des divers philosophes qu'il a antérieurement cités n'est pas fausse, mais demeure impuissante à nous conduire à la détermination des fonctions rationnelles de l'État. Un défaut commun à la doctrine moderne, défaut dont l'ancienne école du droit naturel est

(1) Richard Cumberland, *Lois naturelles*, ch. VI, § 11, et ch. VIII, § 13. C'est ainsi que cet auteur considère comme autant de préceptes du droit des gens ces maximes, qu'il ne faut point faire de mal à un innocent, que l'on doit tenir sa parole et témoigner de la reconnaissance à ses bienfaiteurs.

(2) Bluntschli, *Théorie générale de l'État*, p. 247 et suiv. L'erreur de Bluntschli dont l'ouvrage est en général assez peu instructif a été de vouloir comprendre dans une seule formule toutes les fonctions que peut remplir l'État, alors qu'il est bien évident que toutes ces fonctions n'ont pas le même caractère, les unes apparaissant comme nécessaires et constituant en quelque sorte la raison d'être de l'État, d'autres ayant un caractère facultatif et n'existant pour lui que dans certains pays. Il est certain que les premières seules nous intéressent étant seules intimement liées à l'idée de souveraineté.

surtout responsable, a été d'assigner à l'État une sphère d'action beaucoup trop large, à tendre à faire de lui un entrepreneur ou au moins un agent du bonheur universel, notion qui n'est ni juste en théorie ni d'accord avec les faits.

37. Nous ne nous attarderons pas à donner après tant d'autres une définition de l'État, et ne toucherons à son rôle social qu'en tant qu'il sera nécessaire de le faire pour l'objet de nos recherches. Un seul point nous intéresse à cet égard, la détermination des fonctions de l'État et leur classement dans l'ordre de leur importance. Il est difficile d'apercevoir dans le domaine du droit public une question d'un intérêt plus grand et plus immédiat : il n'en est pas qui semble devoir être plus familière à quiconque s'applique à ce genre d'études. En fait, il n'en est rien cependant et comme nous l'avons observé plus haut, cet objet compte parmi ceux qui ont été le plus négligés dans la littérature juridique. A la vérité, le droit administratif s'occupe des fonctions de l'État, mais à un point de vue bien étroit et doublement insuffisant pour nous. La méthode traditionnelle, en France au moins, consiste dans une pure interprétation de textes qui n'ont de valeur que pour le pays dans lequel ils sont en vigueur et d'où il est impossible de tirer une loi internationale quelconque. En outre, s'il a affaire à la plupart des fonctions de l'État il ne se préoccupe pas, sauf dans de rares occasions, de les classer dans l'ordre de leur importance relative, et ce classement est essentiel à l'application pratique de notre théorie touchant les devoirs respectifs des États.

Ceux-là mêmes qui, s'échappant des lisières du droit administratif, considèrent la question sous un aspect plus général et plus scientifique, ne nous fournissent le plus souvent que des renseignements incomplets et dont la précision laisse beaucoup à désirer. Les uns, exclusivement préoccupés de la condition économique des sociétés modernes, considèrent l'État au point de vue des mouvements des richesses et abandonnent l'idée du droit pour celle de l'utilité ; d'autres, les politiques, demeurés fidèles à l'aspect juridique de la question, ne se défendent pas d'une tendance à une généralisation excessive, ennemie de la clarté et de la précision nécessaires à toute recherche d'ordre scientifique. C'est ainsi

que de Mohl (le meilleur à notre avis parmi ceux qui ont abordé ce sujet),
en assignant comme tâche à l'État de poursuivre les buts permis de la
vie des peuples, le dirige vers un objet dont personne ne peut se faire
une idée précise et en outre lui impose un devoir de beaucoup supérieur aux forces de toute collectivité (1).

Essayons de nous frayer notre chemin dans cette région d'une exploration si difficile, et appliquons-nous à poser quelques idées claires et
certaines en cette matière.

38. Notre point de départ sera dans l'idée si profonde et si juste d'Ihe-
ring que le but est le créateur du droit. Tout droit, aussi bien le droit
des gens le plus général que le plus infime droit municipal, est destiné
à faire vivre ensemble dans un état de paix et de justice des hommes
que leurs besoins, leurs intérêts ou leurs passions tendraient à mettre
en lutte les uns avec les autres. Le droit, comme le dit très bien Merkel (2),
n'est pas pour lui-même un but, il n'a de valeur que parce qu'il correspond à la constitution ou au maintien d'un certain état de fait dont la
réalisation est le but du droit, ou, ce qui revient au même, le but des
fonctions de l'État. Ces dernières ne présentent pas pour la communauté,
nationale ou internationale, dont il s'agit dans chaque hypothèse con-
crète, d'autre intérêt que celui qui s'attache à la poursuite du but qu'elles
visent. Si donc on prétend connaitre la véritable nature des fonctions de
l'État, c'est à leur but que l'on doit s'adresser. La considération du but
peut seule nous découvrir la raison des divers droits attachés à la souveraineté, nous montrer en quoi ils consistent essentiellement, nous fixer
sur leur importance respective. Cette voie sera la nôtre parce que c'est
la seule qui, s'attachant à la réalité et négligeant les simples apparences,
est susceptible de nous conduire au résultat désiré.

(1) « Der Staat ist ein dauernder einheitlicher Organismus derjenigen Einrichtungen,
welche, geleitet durch einen Gesammtwillen sowie aufrecht erhalten und durchgeführt
durch eine Gesammtkraft, die Aufgabe haben, die erlaubten Lebenszwecke eines be-
stimmten und räumlich abgeschlossenen Volkes, und zwar vom Einzelnen bei zur Ge-
sellschaft zu fœrdern » (de Mohl, *Encyclopædie der Staatswissenschaften*, p. 65).

(2) *Holtzendorff's Encyclopædie der Rechtswissenschaft*, t. I ; Merkel, *Philosophische
Einleitung in die Rechtswissenschaft*, § 9, p. 13.

L'indication de cette méthode nous conduit à un premier résultat qui a son importance comme limitation. Contrairement à l'usage, nous ne comprenons parmi les fonctions de l'État ni la puissance législative, ni le *jus armorum*, ni le droit de lever des impôts. Que ces diverses prérogatives se rencontrent dans tout État, qu'elles fassent partie des attributs essentiels de la souveraineté et doivent être respectées comme telles par les nations étrangères, rien n'est plus certain ; mais ce ne sont pas des fonctions de l'État au sens propre du mot, parce que, au simple énoncé de ces divers droits, on ne peut pas deviner à quel service ils correspondent, quel bien en résultera pour la communauté. Ce sont en réalité des moyens d'un usage indispensable à toute activité politique, mais ce ne sont que des moyens et non pas des fonctions ayant leur valeur propre et correspondant aux besoins du corps social. Une loi peut être bonne ou mauvaise, il en est d'inutiles, il en est de dangereuses ; toutes ne sont pas moins parfaites lorsqu'elles ont traversé les diverses périodes de la procédure législative. L'État ne se conçoit pas sans une force armée capable de briser les résistances individuelles et de soutenir avec des chances sérieuses de succès la cause de la patrie contre l'étranger, mais l'armée n'est rien autre qu'une force susceptible de servir à toutes les entreprises et qui ne s'emploie aux buts poursuivis par l'État que parce qu'elle est étroitement soumise à son autorité. L'armée ne représente pas une fonction distincte. Le dogme de son obéissance passive n'est rien autre qu'une conséquence de sa nature. A plus forte raison en est-il de même du droit de lever les impôts. On ne comprendrait pas plus un pays sans ressources que sans armée ; moins encore si c'est possible (1) ; cependant n'est-il pas évident que ce moyen nécessaire de gouvernement s'analyse d'abord en une lourde charge pour les gouvernés sans leur procurer en lui-même de bien quelconque ? C'est parce que, sans cette ressource, l'État demeurerait impuissant en face des charges qui lui in-

(1) La Papauté qui nous offre un bon exemple de souveraineté réduite à ses éléments les plus simples, vit et exerce son autorité sans le secours d'aucune force militaire. Au contraire, elle ne pourrait pas accomplir son œuvre sans les secours que lui fournit la générosité des fidèles.

combent que les peuples se sont dès longtemps accoutumés à la supporter, mais il n'est pas une personne, fût-ce le moindre contribuable,
qui ne comprenne fort clairement que l'impôt est un moyen et non pas
un but. Donc aussi le droit de lever l'impôt ne doit pas être compté parmi
les fonctions de l'État.

La même remarque peut être faite au sujet de divers autres droits,
nomination des officiers publics, frappe de la monnaie, droit de décerner
des récompenses civiques etc., dans lesquels nos anciens auteurs voyaient
avec raison des marques de la souveraineté, mais que l'on a considérés
à tort comme faisant partie des fonctions essentielles de l'État, alors
qu'ils ne sont que des moyens rendant possible l'accomplissement des-
dites fonctions. C'est cette confusion qui a donné naissance à l'idée de
la territorialité absolue de la souveraineté.

§ VIII

ANALYSE DES FONCTIONS ESSENTIELLES DE L'ÉTAT.

39. Distinction tripartite des fonctions essentielles de l'État. — 40. Droit de conservation intérieure et extérieure. — 41. Droit de gestion des services intérieurs indispensables à la communauté. Énumération de ces services. — 42. Même droit quant aux services extérieurs dépendant de la souveraineté et énumération de ces services. — 43. Autres fonctions de l'État. — 44. Droit au progrès soit intérieur soit extérieur.

39. La souveraineté de l'État est double, nous l'avons dit. Il existe une souveraineté intérieure et une souveraineté extérieure, nous avons à étudier les fonctions comprises dans l'une et dans l'autre.

Ces fonctions se rapportent à trois objets dont chacun a une face nationale et une face internationale : assurer la conservation de l'État ; garantir le fonctionnement de certains services fondamentaux dont la direction appartient au pouvoir souverain chez tous les peuples civilisés, réaliser les progrès dont la communauté est susceptible. De cette énumération découlent les trois propositions suivantes :

1º L'État doit avant tout pourvoir à la conservation de la communauté qui le constitue, et maintenir intacte à la fois son existence nationale, c'est-à-dire son organisation intérieure, et son existence internationale qui se caractérise par sa participation au commerce international.

2º L'État a le droit et le devoir d'assurer la marche régulière de tous les services indispensables à la vie paisible de la communauté dont il a la direction et cela n'est pas moins vrai des services nécessaires à une participation régulière au commerce international que de ceux qui concernent son existence intérieure.

3º L'État étant la seule personne capable de présider au développement de la société particulière qui s'incorpore en lui a la mission de faire bénéficier cette société de tous les progrès qu'elle pourra accomplir dans l'un quelconque des éléments qui contribuent à la prospérité ou au bien-être de ses membres, soit dans leurs relations intérieures soit dans celles qu'ils entretiennent avec l'étranger.

Exister, user de ses facultés, progresser, ces trois mots représentent les trois fonctions essentielles à tout être moral ou physique : les trois règles sus-énoncées ne sont rien autre que l'application à l'État de cette loi générale de la vie (1).

(1) Il n'est pas inutile de rapporter ici pour les comparer avec la nôtre quelques-unes des conceptions émises touchant les fonctions de l'État. Nous les choisirons dans l'école allemande qui s'est livrée aux recherches les plus sérieuses sur les fonctions de l'État. De Mohl (*Encyclopædie der Saatswissenschaften*), après avoir posé la définition de l'État que nous avons critiquée, s'occupe des fonctions de l'État soit à l'occasion des droits de souveraineté (Hoheitsrechte), soit à propos des principes philosophiques du droit des gens. Les droits de souveraineté (§ 29, p. 209 et suiv.) se rapportent ou au gouvernement intérieur ou aux relations internationales ou à la possession des moyens qui peuvent être jugés nécessaires à l'accomplissement du but de l'État. Dans la première catégorie il range le maintien de l'ordre juridique qui est pour lui la fonction de beaucoup la plus considérable de l'État et qui comprend lui-même la certitude du droit, l'établissement de moyens préventifs contre les dangers sociaux, l'institution de juges, l'exécution de leurs sentences, et en second lieu la prestation par l'État de son aide aux citoyens dont les ressources actives ne suffisent pas à l'obtention des avantages particuliers qu'ils poursuivent. La catégorie des droits extérieurs comprend le droit de représenter l'État dans les rapports internationaux et l'usage de la force publique en vue d'assurer sa défense contre les dangers extérieurs. Les moyens formant l'objet de la troisième catégorie sont la nomination des fonctionnaires et la délimitation de leur compétence, la direction de la force publique et la disposition des finances publiques, réserve faite du contrôle généralement accordé aux représentants de la nation. Le droit des gens philosophique repose d'après de Mohl sur les trois grands principes de la souveraineté, de la nécessité du commerce et de l'ordre dans la communauté (§ 57 et suiv., p. 415 et suiv.). A cette occasion, il étudie de nouveau les droits élémentaires des États. De la souveraineté découlent le droit à une existence politique propre, le droit de choisir la forme de gouvernement la plus convenable à la nature et au but de l'État, le pouvoir d'user de ses forces dans les limites du droit (ce qui est la véritable et la seule indépendance de l'État), le droit de nouer des relations avec les autres États, le droit à l'honneur et au respect extérieur, le droit à l'agrandissement. De l'exercice du commerce résultent le droit d'entretenir des relations avec les États étrangers, et le devoir d'accueillir les communications que l'on en reçoit, le droit de réclamer l'usage des voies de communications sises sur le territoire d'autrui, d'y exercer des industries permises aux citoyens, d'y faire circuler ses marchandises. Comme conséquence de l'ordre à maintenir dans la com-

Mais on ne saurait se contenter de ces formules abstraites. Il faut maintenant descendre dans le détail, scruter leur contenu et par là indiquer d'une façon plus précise leur portée.

munauté figurent l'obligation pour l'État de se conduire à l'égard des autres d'après les principes de droit, le devoir enfin de maintenir l'ordre juridique universel, devoir duquel découle une foule de règles de conduite, nécessité de règles juridiques à établir pour les rapports entre nationaux et étrangers, concession de la protection des lois pénales aux étrangers, extradition des criminels, observation de la neutralité dans les querelles des autres, fidélité à remplir ses obligations, préférence à donner aux moyens pacifiques sur les moyens violents, considération de la paix comme but dernier des rapports internationaux. Cette théorie qui n'est pas exempte d'une certaine confusion a du moins le mérite de constituer une étude attentive des fonctions de l'État et le reproche le plus grave qui puisse lui être adressé est l'incertitude de cette idée de poursuite des buts permis de la vie du peuple qui lui sert de base et, loin de l'éclairer, l'obscurcit et la compromet.

Merkel (*Holtzendorff's Handbuch der Rechtswissenschaft*, t. I, *Philosophische Einleitung*) a touché à notre sujet, mais beaucoup plus légèrement, dans son étude de la nature de l'État (§ 15 et suiv., p. 25 et suiv.). Il cite deux sortes d'affaires comme occupant le premier rang dans l'existence de l'État : d'abord la garantie de l'existence de l'indépendance et de l'honneur du peuple vis-à-vis des puissances étrangères, en second lieu, le maintien de la paix, de l'ordre et des rapports de domination par le moyen du droit, comme en général toute activité concernant le droit. Ce sont les fonctions essentielles de l'État, et elles emportent avec elles la disposition des moyens propres à en faciliter l'accomplissement. Merkel note avec soin l'identité des fonctions de l'État et en explique la cause. Cette identité (ou au moins cette similitude) est, on le sait, une condition d'existence de tout système quelconque de droit des gens.

Gareis (*Allgemeines Staatsrecht*, dans le *Marquardsen's Handbuch des öffentlichen Rechts*, t. I), qui s'est occupé des droits de l'État surtout dans leurs rapports avec la législation (livre III, § 43 et suiv.), a cependant d'excellentes choses sur le sujet qui nous occupe. Après avoir posé en principe (§ 4) que la fonction de l'État consiste dans la représentation des intérêts de la communauté, il fait voir (§ 7) mieux que tout autre comment le but de l'État est intimement lié aux intérêts de la communauté et consiste d'une façon générale dans l'accomplissement d'un devoir de culture sociale. Les intérêts de la communauté sont ou principaux ou accessoires, ces derniers ne constituant eux-mêmes (§ 50) que des moyens dirigés vers la réalisation des premiers. L'auteur compte cinq intérêts principaux se rapportant respectivement à l'unité de la communauté, à la possession d'une force publique, à la paix intérieure, à la nécessité d'écarter de graves dangers ou de réaliser de grandes entreprises, aux finances publiques. Les intérêts accessoires concernent la possession du territoire, l'exercice d'une autorité sur les personnes comprises dans la communauté, le droit de disposition sur les propriétés particulières, la constitution de magistratures. A ces intérêts correspondent tout autant de droits de la souveraineté dont chacun n'est reconnu qu'en vue de donner satisfaction à un intérêt déterminé. Dans cet ordre se présentent les droits de représentation, de commandement de la force publique, de justice, de police, de levée des impôts, qui

40. Dans l'ordre de l'ancienneté comme dans l'ordre de l'importance, le droit de conservation est le premier. Il n'est personne qui ne l'estime le principal des objets de l'activité de l'État. Le seul grief de la doctrine envers lui a été de le considérer comme uniquement relatif à l'existence intérieure de l'État et de n'avoir pas remarqué que le respect du territoire et du peuple qui l'habite n'assure la conservation de l'État que s'il est accompagné du respect de son droit au commerce international (1).

Le contenu de ce droit ou de cette fonction de conservation intérieure est d'une analyse facile. On connait les éléments dont se compose essentiellement un État : ce sont le territoire, la population, une organisation politique distincte. L'intégrité de ces trois éléments assure à ce point de vue la conservation de l'État. Le maintien de cette intégrité constitue l'objet du premier devoir de l'État.

répondent aux intérêts principaux, et les droits de souveraineté territoriale, de souveraineté personnelle, de disposition sur les propriétés privées, de magistrature, corrélatifs aux intérêts publics accessoires. Cette théorie, on le voit, présente la parenté la plus étroite avec celle qui a été développée au texte. Elle met en lumière la corrélation intime de l'intérêt public et du droit de l'État et même elle classe expressément les droits suivant l'ordre d'importance des intérêts qu'ils représentent. Cependant Garcis, lorsqu'il parle des droits fondamentaux de l'État (§ 44, p. 119 et suiv.), se rattache à la théorie que nous avons combattue dans la première partie de cet article ; il n'a donc pas aperçu l'effet international de la reconnaissance de ces grands intérêts qu'il a si bien dégagés et comment le droit d'indépendance qu'il proclame est incompatible avec cette reconnaissance. On peut lui reprocher une certaine confusion entre ce qui est but et ce qui est moyen dans les attributions de l'État.

Nous avons déjà fait allusion aux opinions de Jellinek. Nul autre n'a mieux que lui mis en lumière l'importance de l'idée de reconnaissance comme source du droit. Nous noterons aussi que la relation du droit et de l'intérêt, celle de l'action de l'État et des fonctions de l'État ont été relevées par lui (*System der subjektiven œffentlichen Rechte*, p. 186, 190), et encore ce principe que l'objet essentiel du droit international est dans la limitation de la liberté des États (*id.*, p. 304). Jellinek adopte bien cette idée que les limitations apportées par le droit des gens à l'activité étatique ont pour objet de garantir le libre exercice de l'activité d'un autre État (*id.*, p. 306) ; mais il ne paraît pas accepter cette autre idée que l'étude comparative des diverses fonctions de l'État conduit rationnellement à la solution des conflits internationaux dans lesquels elles sont engagées. C'est pourquoi son système ne le conduit pas à des recherches approfondies sur la valeur relative des diverses fonctions de l'État.

(2) Comp. sur le droit de conservation les intéressants développements de Heilborn, *Das System des Wœlkerrechts*, p. 280 et suiv.

Il n'est pas moins important que chaque société particulière possède à titre permanent la possibilité de nouer des relations internationales. C'est là la face extérieure de son existence et, à l'époque où nous vivons, elle est aussi importante que l'autre à la conservation de l'État. Toute prétention à exclure une nation du commerce international est une atteinte portée à l'existence de l'État, et c'est en vertu de son devoir de conservation que ce dernier est autorisé à la repousser. On ne conçoit pas à la vérité qu'un État prétende en isoler un autre dans l'intérieur de ses frontières ; cela ne se conçoit que comme moyen de guerre ou de représailles, mais, sans aller jusqu'à cette extrémité, il est facile de supposer et même de trouver dans l'histoire des exemples d'atteintes plus limitées mais n'ayant pas une moindre portée. De ce nombre serait la prétention de déposséder un État de la direction de sa politique extérieure alors qu'aucune relation de protectorat n'a été établie, ou l'interdiction de certaines voies de communication jugées indispensables à un peuple (telle la fermeture de l'Escaut au préjudice des Pays-Bas espagnols), ou encore le fait d'une nation qui déclarerait définitivement rompues toutes ses communications tant politiques que commerciales avec une autre nation alors que cette détermination prise à l'égard d'une nation seulement ne se justifierait pas par la volonté de vivre désormais en dehors de tout commerce international. Les prétentions à l'empire exclusif des mers constituaient des offenses rentrant dans la même catégorie et, pour choisir un exemple plus pratique, on devrait leur assimiler à notre point de vue l'interdiction signifiée à un peuple maritime d'user pour son commerce d'une voie estimée indispensable : telle serait par exemple la prohibition du passage par le canal de Suez.

La participation au commerce international est actuellement l'une des conditions d'existence d'un État civilisé, et le devoir de conservation qui incombe à la puissance publique s'étend à cet élément aussi bien et pour les mêmes raisons qu'à ceux qui concernent l'organisation intérieure de l'État.

De l'idée de conservation de l'État nous rapprocherons un autre devoir de nature morale celui-là, mais qui présente avec le précédent la plus grande analogie : ce devoir est relatif à l'honneur, à la dignité de la nation et consiste dans la volonté constante de répudier toute contrainte paraissant incompatible avec le respect dû à la personne de la nation (1). Il est évident qu'un État ne peut pas vivre sans la possession de certains éléments de force et d'activité ; de même il est admis qu'on ne peut pas l'obliger à vivre dans un état que les citoyens intéressés considéreraient comme humiliant pour l'amour-propre national. On rencontre là une analogie entre la personne État et la personne humaine qu'il serait puéril de vouloir méconnaître. Cet élément moral a trait principalement à la conservation extérieure de l'État, car c'est sur les formes du commerce international qu'il est appelé à exercer d'habitude son influence. Quel que soit l'objet des transactions intervenues entre les nations, elles devront être conduites en toutes circonstances dans un esprit de considération et d'estime pour la nation avec laquelle on traite. Ses envoyés seront traités à l'égal des plus grands personnages de l'État, la parole du Souverain ne pourra en aucun cas être révoquée en doute et, dans les conventions même les plus dures, on devra éviter toute stipulation pouvant être jugée déshonorante pour la nation qui l'accepterait.

Si l'on devait juger de l'importance des droits des États par le degré qu'ils occupent dans l'estime des intéressés, cette fonction de conservation de la dignité morale de la nation pourrait être dite la première de toutes. Il n'en est pas en effet à laquelle le sentiment public se montre plus attaché ; la fréquence des guerres motivées par un oubli prétendu de ces devoirs en est la preuve. On en trouve une autre également concluante dans ce fait que les États disposent librement de ce qui concerne leur existence matérielle, tandis que l'on n'a jamais admis qu'ils puissent être régulièrement et définitivement liés par un traité contraire à leur honneur.

---

(1) L'élément moral dont nous parlons ici embrasse ce que, dans les classifications habituelles, on entend par droit au respect, mais il est plus compréhensif. Il ne se réfère pas seulement aux formes du commerce international mais aussi à la substance des transactions entre peuples en tant que celle-ci peut être considérée comme intéressant l'honneur des nations en cause.

41. L'État n'existe qu'en vue des services qu'il est appelé à rendre aux intérêts confiés à ses soins. C'est à cela que tendent ses fonctions ordinaires, celles qu'il remplit quotidiennement, et ce caractère les différencie suffisamment de sa fonction de conservateur de la communauté, laquelle n'est en jeu que dans des circonstances accidentelles, et d'une gravité exceptionnelle. Il serait difficile et en outre fort long d'énumérer toutes les fonctions que peut remplir l'État. Notre tâche heureusement ne porte pas aussi loin ; nous n'avons à nous préoccuper ici que des fonctions essentielles de l'État, de celles qui sont unies par un lien intime à son autorité suprême et que les États étrangers sont obligés de respecter à peine de méconnaitre la qualité souveraine de la personne qui les exerce. Elles se résument dans le soin qui incombe à l'État d'assurer la marche de tous les services indispensables à la vie paisible de la communauté dont il a la direction.

Ces fonctions sont intérieures ou extérieures, intérieures quand elles s'accomplissent sur le territoire, extérieures lorsqu'elles visent les nationaux expatriés ou plus généralement les intérêts nationaux ayant leur siège à l'étranger.

Les fonctions intérieures de l'État paraissent susceptibles d'être ramenées aux quatre objets suivants : maintenir l'ordre public, assurer le libre exercice des activités individuelles, rendre la justice, gérer le domaine public. Quelques mots d'explication sont nécessaires touchant chacune de ces subdivisions.

1° Une société policée a avant tout besoin d'ordre. L'ordre est la condition de la paix intérieure et sans l'assurance de la paix intérieure l'activité individuelle se trouve paralysée et dépouillée de ses fruits. Dans l'ordre d'idées où nous sommes, cette mission de l'État mérite incontestablement d'être placée avant toutes les autres : la justice elle-même n'a point un rôle aussi considérable et, aux époques les plus troublées de la vie d'un peuple, on voit le cours de la justice ordinaire suspendu pour mieux assurer le maintien de l'ordre public. Cette fonction s'accomplit par une foule de moyens différents, par les lois pénales et les ordonnances de police, par des mesures préventives du ressort de l'administration, par l'intervention d'une force armée prête à assurer, le cas échéant, aux commandements de l'autorité leur observation. La préoccupation de l'ordre domine ainsi toute une série de mesures d'une importance fort inégale, les unes fort graves, les autres à peu près insignifiantes, mais toutes dirigées vers un but essentiel à l'existence de l'État. Et, bien que ces mesures soient, comme nous l'avons observé, fort inégales, elles représentent toutes le même intérêt et ont toutes au point de vue international la même valeur. C'est dire qu'elles ont droit au même respect absolu de la part de l'étranger.

2° Le second des besoins permanents auxquels l'État doit pourvoir est le libre exercice des activités individuelles. Le maintien de l'ordre public ne suffit pas à cet effet. Il faut encore qu'il existe un certain ordre dans les relations des particuliers entre eux. En principe les affaires des simples particuliers ne concernent pas l'État. Ce n'est pas la communauté qui dans ce domaine représente les forces agissantes, ce n'est pas à elle qu'il appartient de recueillir immédiatement les fruits de l'activité dépensée. L'État a cependant son rôle à jouer en cette matière et ce rôle nous parait être double. Il est d'abord le garant des résultats légitimement obtenus et s'acquitte de cette fonction en mettant la force publique à la disposition de quiconque peut se prévaloir d'un droit régulièrement acquis. En outre il doit concilier les intérêts des citoyens et les intérêts supérieurs de la communauté, et cette fonction éminemment politique le conduira tantôt à protéger les citoyens contre leur propre faiblesse dans l'intérêt de la communauté, tantôt à poser des bornes à la liberté individuelle au nom de l'intérêt social menacé.

Cette mission de l'État s'accomplit par la promulgation de ses lois civiles (1), mais ces lois, nous l'avons déjà observé, ne sont ici qu'un moyen et pas même un moyen si nécessaire qu'il puisse être identifié avec le

---

(1) Leroy-Beaulieu (*L'État moderne*, p. 107) appelle très bien l'État un définiteur du droit dont il est aussi et tout d'abord le garant. L'importance de la fonction réside surtout dans la garantie, garantie dont il est facile d'apercevoir l'importance au point de vue des intérêts particuliers et que seul le pouvoir souverain peut donner, bien qu'il soit vrai qu'il n'a pas à toutes les époques suffi à cette tâche.

but à atteindre. Les citoyens peuvent être régis par une simple coutume, leurs intérêts peuvent être et sont toujours pour une part au moins remis à l'équité des magistrats. De plus, la puissance législative à elle seule ne parviendrait pas à s'acquitter de cette tâche. Il faut en outre que le pouvoir exécutif donne aux particuliers cette garantie perpétuelle sans laquelle les droits privés manqueraient de cette certitude et de cette fixité qui sont leurs qualités les plus précieuses.

3° L'État doit ensuite accomplir une fonction de justice. Certains, comme Bodin, ont vu dans cette fonction la caractéristique de l'État. Leur opinion n'est pas exempte de quelque exagération, mais il demeure vrai que nous rencontrons là l'un des côtés les plus élevés et les plus essentiels de la mission de l'État. L'œuvre de la justice ne consiste pas seulement à appliquer la loi, mais en premier lieu à décider les contestations qui s'élèvent soit entre l'État et les particuliers, soit dans les rapports respectifs de ces derniers. Il faut que les litiges aient une fin, la paix sociale est à ce prix, et le droit de donner à des discussions également intéressantes pour tous ceux qui y sont impliqués une solution qui doive être respectée par tous ne peut appartenir qu'à l'autorité à laquelle incombe la responsabilité du maintien de la paix sociale, et du règne de la justice, à l'État. A la différence de la puissance législative qui n'est qu'un moyen au service de l'État, l'administration de la justice nous paraît être une véritable fonction de l'État, car elle rend par elle-même un service distinct et que l'on ne saurait obtenir par aucune autre voie: elle consiste à dire la vérité aux parties sur leurs rapports réciproques, en déduire les droits qui leur appartiennent et en imposer le respect à ceux que leur intérêt pousserait à les méconnaître (1). Inutile de parler des moyens que l'on emploie pour arriver à la réalisation de ces divers objets.

(1) Il nous semble que les auteurs qui refusent de voir dans l'institution judiciaire un pouvoir distinct et la considèrent comme une simple branche du pouvoir exécutif méconnaissent cette vérité essentielle. Un jugement n'applique pas seulement la loi comme le ferait un règlement ou un décret, il décide les points de fait ou de droit qui sont contestés, il déclare la vérité entre les parties touchant le rapport litigieux, et c'est bien là une fonction propre qui ne rentre en aucune façon dans les attributions du pouvoir exécutif.

4° Enfin il appartient à l'État de régir le domaine public. Cette fonction de direction appartient évidemment à celui qui concentre en sa personne les intérêts de la communauté tout entière, donc à l'État. Il est inutile d'insister ici sur cette partie de la mission de l'État, car elle n'est pas de nature à faire naître des conflits internationaux.

42. L'exercice de la souveraineté ne se limite pas dans le droit public actuel à la réglementation de rapports purement intérieurs et il faut dans ce domaine se garder de la confusion trop souvent commise entre le droit et sa sanction. Il est vrai que le pouvoir sanctionnateur direct de l'État ne s'étend pas au delà de ses frontières, au moins dans l'état normal et pacifique des relations internationales. La raison de ce phénomène est aisée à comprendre. La force publique doit pour remplir sa mission de gardienne de l'ordre et de la paix sociale posséder une autorité unique et exclusive sur le territoire assigné à son action. Plusieurs forces concurrentes en un même lieu engendreraient le désordre ; loin de prévenir les conflits leur présence suffirait à elle seule à les faire naître (1). Mais de là à la territorialité de la souveraineté il y a loin en fait comme en droit. En droit la souveraineté est une magistrature et l'on comprend que l'autorité d'une magistrature puisse s'étendre bien au delà du point où expire l'action de la force placée sous ses ordres immédiats, à la seule condition qu'elle trouve dans le lieu où on l'invoque une force publique même étrangère prête à la faire respecter.

En fait la diplomatie s'est étudiée de tout temps à assurer la protection la plus efficace aux intérêts nationaux dont le siège se trouve à l'étranger. Elle y est parvenue le plus souvent et il est né sur ce point une foule de pratiques et de règles qui constituent autant de consécrations de l'idée d'extension de la souveraineté au delà des frontières de la nation dont elle dirige les destinées.

---

(1) Il peut y avoir sur un même territoire une autorité spirituelle et une autorité temporelle indépendantes l'une de l'autre, parce que leurs magistratures respectives ne s'étendent pas aux mêmes intérêts, mais deux autorités de même nature ne pourraient pas concourir à la même œuvre dans le même lieu sans détruire la raison d'être de l'autorité.

Voyons en quoi consiste l'exercice de cette souveraineté extérieure dont le champ d'action dépasse ainsi les limites du territoire où demeure enfermée la force publique de l'État, et essayons d'énumérer les principales d'entre les fonctions qui s'y rattachent. Nous rencontrons les suivantes :

1° Le droit de statuer sur l'acquisition et la perte de la nationalité à l'égard des nationaux expatriés et de leur famille. Lorsque la loi française dit que l'enfant né du Français à l'étranger sera français, elle est l'expression de cette fonction et il n'est pas douteux que le Souverain du pays de résidence de l'expatrié respectera sa décision toutes les fois où il n'élèvera pas sur cet enfant de prétention tendant à le faire considérer comme son sujet.

2° La police des nationaux expatriés, police qui se conciliera d'autant mieux avec celle qu'exerce sur ces mêmes personnes le pouvoir local qu'elles n'ont point toutes les deux le même objet, celle-ci veillant à ce que les étrangers ne troublent point l'ordre public, celle-là visant à rappeler à des absents leurs obligations envers leur patrie. Cette fonction de police s'exerce par le ministère des consuls et consiste principalement dans l'obligation d'immatriculation qui permet à l'État de connaître où se trouvent ses sujets et de les avertir, le cas échéant, des devoirs qui leur incombent envers lui. Ce ministère s'accomplit en général directement par les soins du consul et sans qu'il soit besoin de recourir à l'intervention du pouvoir local. Il en est autrement toutefois des demandes d'extradition qui rentrent dans ce pouvoir de police et exigent, en pays chrétien, pour leur réalisation, le recours à la puissance publique du lieu de refuge.

3° La protection des nationaux à l'étranger. On sait qu'elle constitue la plus grosse de beaucoup des fonctions de l'État à notre point de vue. La protection des nationaux à l'étranger est en dépit des apparences tout à fait analogue à la protection dont un Souverain couvre ses sujets à l'intérieur. Cette dernière se réalise par le moyen d'un certain nombre d'institutions administratives ou judiciaires organisées au profit des nationaux et dont l'accès leur est ouvert toutes les fois que leurs intérêts légitimes ont été lésés. Il est matériellement impossible que ces institutions aient (que l'on nous passe le mot) des succursales à l'étranger ; mais, à défaut de cette ressource, les expatriés peuvent avoir accès auprès des institutions similaires fonctionnant dans les pays où ils séjournent et cet accès leur est *dû* parce que le droit au commerce international emporte nécessairement avec lui la possession des garanties élémentaires sans lesquelles aucune résidence de quelque durée ne saurait être faite à l'étranger. De là est venu le fameux principe de l'égalité du national et de l'étranger. La protection de l'État consiste alors à s'assurer que ses nationaux jouissent bien des droits que la nécessité, les traités ou la coutume reconnaissent aux étrangers et à appuyer de son influence et au besoin de ses armes les réclamations que ceux-ci peuvent être en droit de formuler. Mais, qu'on le remarque bien, à l'intérieur comme à l'extérieur, l'action de l'État, quoique se traduisant au dehors par des moyens différents, tend au même but et correspond à la même fonction.

Nous n'avons traité jusqu'ici que des devoirs de l'État à l'égard des particuliers expatriés : à ces devoirs ne se borne pas le rôle de sa souveraineté extérieure ; elle a en outre pour mission de surveiller et d'assurer l'exercice du droit de la nation au commerce international Son action dans ce domaine s'appliquera à faire jouir ses ambassadeurs des privilèges consacrés par la tradition, à assurer au commerce de ses sujets l'usage des voies de communication ouvertes au trafic international, à surveiller et à réglementer la pratique de la navigation maritime, enfin et surtout à réclamer, le cas échéant, la stricte observation des traités. Tout cela appartient au ressort de la juridiction de l'État et il n'est pas besoin du raisonnement pour apercevoir que cette part de ses fonctions qui projette à l'extérieur son activité ne le cède pas en importance aux fonctions dont il a la charge sur son propre territoire.

43. Notre énumération a été longue, elle est loin d'être complète cependant et nous ne cherchons pas à grouper ici toutes les fonctions si diverses de l'État. Nous nous bornons à rappeler celles de ces fonctions qui ont un caractère de nécessité, celles que l'État a mission pour remplir en vertu de l'autorité qui lui est reconnue, celles qu'il ne pourrait négliger sans compromettre le salut de la société particulière qu'il représente. Celles-là seules peuvent provoquer des conflits internationaux, seules elles méritent d'être considérées dans une étude dont l'objet est l'établissement d'une méthode pour la solution de ces conflits.

Mais l'État s'impose bien d'autres tâches et assume nombre d'autres fonctions encore. Il se fait éducateur, protecteur des intérêts de l'industrie et du commerce, patron des littérateurs et des artistes, il se fait au besoin artiste lui-même, et parfois commerçant, mais cette dernière qualité n'a chez lui d'autre but que de lui fournir les ressources nécessaires à de plus importantes fonctions (1). Nous n'entrerons pas dans les problèmes économiques que suscite l'extension toujours croissante du rôle assumé par l'État. Contentons-nous d'observer que dans ce domaine son intervention n'a rien de nécessaire. C'est moins comme maître qu'il agit que comme gérant d'affaires communes, il propose plus qu'il ne commande et dès lors, dans cet ordre d'attributions, sa souveraineté qui ne se montre pas ne risque pas de se heurter à la souveraineté d'autrui. Cette circonstance suffit pour que nous laissions de côté toute cette part des fonctions de l'État.

44. L'État est agent de progrès. Ce mot doit être entendu dans le sens le plus large qu'il puisse revêtir et comme comprenant à la fois l'accroissement de la puissance de l'État et le développement de sa civilisation. Ce n'est pas dans sa seconde acception que ce mot doit nous préoccu-

---

(1) C'est à ce point de vue plus large que s'est placé Paul Leroy-Beaulieu dans son remarquable ouvrage sur l'État moderne et ses fonctions. Le point de vue économique a surtout été visé par cet auteur et il l'a traité avec la compétence qu'on lui connaît. Leroy-Beaulieu distingue à la vérité entre les fonctions essentielles de l'État et celles qui ne présentent pas ce caractère, mais il est évident que ce sont ces dernières surtout qui ont attiré son attention. Pour lui (p. 44) le premier devoir de l'État est de garantir la sécurité, et ses fonctions essentielles (p. 94 et suiv.) consistent à pourvoir aux besoins communs c'est-à-dire à ceux qui ne peuvent être satisfaits, que par l'action de la communauté. Tout cela est exact, mais cela ne nous en apprend pas assez sur les devoirs de l'État, sur ses fonctions nécessaires, pour que nous puissions mesurer leur importance respective et juger le bien fondé des réclamations qu'il peut diriger à leur occasion contre les États étrangers. L'ouvrage cité abonde du reste en remarques fines et justes touchant le rôle de l'État.

per. Les améliorations qu'un État soucieux du bien-être et du progrès moral de ses sujets peut apporter aux institutions qui le régissent ne menacent en général nullement les intérêts des peuples étrangers. Tout au contraire ceux-ci en profiteront indirectement en ce que ces progrès seront pour eux un exemple qu'ils pourront suivre et aussi parce que fréquemment ils auront pour conséquence de rendre plus commode ou plus fructueuse la pratique du commerce international avec la nation qui les aura réalisés. Tel a été par exemple l'effet de la disparition successive des divers obstacles mis par les législations anciennes à la liberté du commerce ou de l'industrie.

Un Souverain cherchera surtout à augmenter la puissance de son peuple. C'est là bien certainement l'un des objets licites de la puissance politique ; c'est aussi un objet enviable même si l'on suppose (hypothèse tout à fait dénuée de vraisemblance) que la passion de la puissance ne joue aucun rôle dans cette tendance à l'agrandissement. Un Etat dont les ressources sont étendues et la force prépondérante joue dans le monde un tout autre rôle qu'un État faible ; il a moins à craindre pour lui-même et sa voix est plus écoutée dans les délibérations relatives aux affaires communes. Il pourra même user de son influence au profit du droit international et de la paix du monde, comme a récemment tenté de le faire l'Empereur de Russie, et sa puissance, loin d'être une cause d'inquiétude pour les autres nations, constituera la garantie de leur existence pacifique et de leurs propres progrès.

Quoi qu'il en soit, ce développement de la puissance de l'État se fera très généralement par le moyen d'un accroissement du territoire soumis à ses lois soit en vertu de cessions, soit plus fréquemment de nos jours par l'effet de la colonisation des territoires sans maître ou dont les maîtres ne possèdent pas dans nos idées actuelles des droits susceptibles d'être opposés aux prétentions des États civilisés. De là est venue la nécessité de poser des règles fixes relativement aux acquisitions coloniales. On sait que le Congrès de Berlin de 1884-1885 a dans une large mesure donné satisfaction à ce besoin.

Une augmentation de puissance peut aussi se réaliser indépendamment de toute extension de territoire, mais cette source de progrès matériel ne saurait même souffrir la comparaison avec la précédente. Il y aura progrès pour l'État à accroître le nombre de ses sujets, mais ce sera un progrès particulièrement délicat à réaliser pour deux raisons, parce qu'il est inutile et même dangereux d'ouvrir les rangs des citoyens à des étrangers qui n'ont aucun sentiment d'attachement pour cette nouvelle patrie qu'on leur impose ou qu'on leur offre, et aussi parce que toute réforme de ce genre peut provoquer les protestations des États étrangers auxquels les nouveaux citoyens ont appartenu jusqu'alors. Un progrès peut résulter encore d'une simple transformation politique, mais il est extrêmement rare qu'un progrès de ce genre engendre un litige international. Nous en avons déjà donné la raison.

Cette troisième fonction de la souveraineté présente également une face extérieure. Le progrès consiste alors dans une participation plus large au commerce international, laquelle résultera tantôt de l'ouverture de nouvelles voies de communication ou de nouveaux débouchés, tantôt des améliorations qui pourront être obtenues quant à la situation faite aux nationaux résidant à l'étranger. Les progrès de cette sorte venant à l'encontre de situations de fait dès longtemps établies et respectées, constituant des droits acquis, s'accomplissent au moyen de traités internationaux, ou parfois souvent même de lois intérieures, lois déclarant l'ouverture de ports francs par exemple. Il n'est pas rare que ces traités profitent même aux États qui n'y ont pas été parties (le traité relatif à la neutralité du canal de Suez par exemple). Il n'est pas sans exemple cependant que ces progrès s'accomplissent par l'initiative des États qui en bénéficient. Le principe de la liberté des mers a été conquis de cette façon. Plus récemment on a vu tomber en désuétude l'exigence d'une formalité, celle des passe-ports, fort gênante pour le commerce international ; c'est un second exemple de ces progrès qui s'accomplissent en dehors de toute stipulation formelle sous la seule pression des besoins et des faits.

§ IX

CONFLITS ENTRE LES FONCTIONS DE L'ÉTAT.

45. Remarque sur l'identité de nature entre les deux séries de fonctions de l'État. — 46. Conflits entre droits de souveraineté intérieure du même degré. Nécessité d'un droit commun. — 47. Conflits entre droits de souveraineté intérieure de degrés différents. Solution par comparaison. — 48. Nature de la concurrence entre droits de souveraineté extérieure. Pas de conflits. — 49. Conflits entre deux droits du même degré se rattachant l'un à la souveraineté intérieure l'autre à la souveraineté extérieure. — 50. Même hypothèse avec différence de degrés. — 51. Observations complémentaires.

45. Tels sont en réalité les droits fondamentaux des États, et l'on remarquera qu'ils n'ont rien d'absolument particulier aux relations internationales, mais qu'ils s'appliquent à cet ordre de relations de même qu'à l'occasion ils produisent leur effet dans des relations purement intérieures et nationales. Que l'on suppose à l'intérieur de l'État une force concurrente s'élevant et gênant l'exercice des attributs essentiels de l'État, le Souverain usera contre elle de son autorité pour la préservation de ces attributs tout de même qu'il en use contre les puissances étrangères dans le cas où les prétentions de ces dernières en viendraient à contrecarrer l'action légitime qui lui appartient. Il n'y a pas, en d'autres termes, pour l'État, des droits nationaux et des droits internationaux différents des premiers ; il n'existe qu'une seule série de droits attachés à la souveraineté qui sont revendiqués tantôt à l'intérieur, tantôt à l'extérieur et contre les puissances étrangères suivant les circonstances. La seule différence entre ces deux situations consiste en ce que à l'intérieur l'État se trouve en présence de ses sujets c'est-à-dire de personnes privées, sans autorité publique et vis-à-vis desquelles il peut en général déterminer lui-même les limites de sa compétence, tandis qu'à l'extérieur il rencon-

tre des personnes publiques semblables à lui, investies de la même autorité que lui avec lesquelles il discute comme un égal avec son égal, avec lesquelles il ne parviendra à s'accorder que sur le fondement de cette loi générale de respect que nous avons dégagée précédemment.

Il est temps maintenant de faire application de notre principe de solution aux conflits qui peuvent surgir entre les divers droits que nous avons distingués. Sans prétendre prévoir toutes les hypothèses possibles, on peut au moins s'arrêter aux principales d'entre elles et envisager un assez grand nombre de cas pour donner une idée exacte du fonctionnement de notre méthode. Plusieurs hypothèses sont à séparer dès l'abord. Nous rappellerons ici que les droits de souveraineté se répartissent en deux séries et forment deux colonnes distinctes, l'une renfermant les attributs de la souveraineté intérieure, l'autre la prérogative de la souveraineté extérieure. Des conflits peuvent, comme nous le savons, s'élever soit entre droits de la même sorte soit entre droits de genres différents. Ils ne se présentent pas les uns et les autres avec la même physionomie.

46. En matière de souveraineté intérieure d'abord les conflits ne sont pas très fréquents, mais ils sont possibles ou entre des droits identiques ou entre des droits situés à des degrés inégaux. Il y aura lutte entre deux États se prévalant l'un et l'autre du droit de conservation intérieure, soit lorsque tous les deux revendiquent un même territoire, soit lorsqu'ils prétendent considérer un groupe d'individus ou même une seule personne comme appartenant à leur nationalité. Il y a là des prétentions identiques et que l'application d'une méthode de comparaison ne peut pas décider. Il faut une loi commune, un droit commun à l'autorité duquel les adversaires ne peuvent se soustraire. Ce droit existe lorsqu'il s'agit du territoire, car on est à peu près d'accord sur les modes d'acquisition territoriale en droit des gens. Il n'existe pas au contraire en matière de nationalité et il n'existera que lorsque les diverses lois civiles relatives à ce sujet s'inspireront de principes semblables. Aussi les conflits en matière de nationalité sont par la force des choses insolubles : on sait combien de difficultés pratiques résultent de cette situation.

Il peut se faire aussi que deux États se disputent l'exercice d'un même droit de souveraineté : il naît alors un conflit de même nature, mais relatif au second des trois attributs de la souveraineté. Ces conflits sont surtout à craindre dans les États composés dont les membres ont conservé la personnalité internationale, dans les Confédérations. Le traité qui a servi de base à l'union fournit alors la loi commune indispensable ; son interprétation donnera la solution du conflit. Même entre États qui ne sont compris dans aucun système d'union un conflit de ce genre peut surgir dans certains cas, par exemple lorsque l'un possède une servitude sur le territoire de l'autre (est-il besoin de rappeler ici les perpétuelles discussions auxquelles notre droit de pêche à Terre-Neuve a donné lieu) ou encore lorsque l'usage des nations autorise un État à faire acte de juridiction dans un espace soumis à l'autorité d'un autre Souverain. La situation de la mer territoriale correspond à cette dernière hypothèse. Ces conflits ne présentent point le caractère absolu des précédents. Ils s'élèvent entre droits qui ne sont pas forcément de la même nature, et dès lors, à défaut de traité, la loi du plus grand intérêt public leur est applicable en théorie et souvent en fait leur est appliquée.

Il paraît superflu de rechercher un exemple de conflit intérieur s'élevant au sujet de la mission de progrès qui forme le troisième degré des devoirs de l'État. Il faudrait supposer deux tentatives de progrès ayant le même objet et faites en même temps. Le cas ne peut être que très rare et ne mériterait d'être examiné qu'à titre de pure curiosité.

47. Sans sortir de la catégorie des droits intérieurs de la souveraineté, il faut ensuite prévoir le cas où un litige s'élèverait entre des droits appartenant à des degrés différents. L'exercice d'un droit prétendu par un État sur un territoire menace l'existence de la souveraineté de l'autre sur ce même territoire, ou bien un progrès médité par un État empêche l'exercice des droits souverains d'un autre. L'État protecteur qui prétendrait assurer la direction de tous les services publics de son protégé élèverait un conflit de ce genre. L'extension d'une juridiction exceptionnelle et limitée, comme l'est la juridiction consulaire là où elle existe, à des cas qui n'y ont pas été compris engendrerait une difficulté du même ordre. La solution de ces conflits ne saurait faire aucune difficulté : il

est évident que le droit moindre doit céder le pas au droit le plus fort, la règle du plus grand respect des intérêts publics engagés dans le litige l'exige impérieusement, et il est à peine besoin de faire observer que les divers degrés distingués par nous se différencient d'après leur importance relative. Le droit qui pourra se réclamer d'un intérêt de conservation pour l'État l'emportera donc toujours, et l'intérêt qui s'attache à l'exercice d'un droit souverain déjà acquis devra être préféré à celui qui ne concernerait que le développement de la nation ou son progrès.

48. Nous n'avons pas à poursuivre dans la catégorie de la souveraineté extérieure l'examen auquel nous venons de nous livrer relativement à la souveraineté intérieure. Ces deux sortes de droits diffèrent en effet par un trait essentiel. Les uns sont exclusifs, les autres ne le sont pas, et ces derniers, qui sont ceux qui nous intéressent maintenant, possèdent par définition une aptitude à être exercés concurremment par toutes les nations civilisées ; ainsi la jouissance par un peuple du droit au commerce international n'empêche nullement un autre peuple de jouir dans le même lieu avec une plénitude égale de ce même droit. Semblablement, l'exercice d'un droit résultant de cette source est de nature à encourager les autres à exercer le même droit et nullement à les en dépouiller. S'il en était autrement, c'est que sous une revendication de souveraineté extérieure se dissimulerait en réalité une prétention à la souveraineté intérieure et on rentrerait ainsi dans l'hypothèse précédente. Il n'y a donc pas d'occasion de conflit en cette matière, et notre méthode n'y trouve par suite aucun emploi.

49. Il a été noté plus haut que les conflits les plus redoutables sont ceux qui surgissent soit entre une souveraineté intérieure et une souveraineté extérieure, soit entre droits n'appartenant pas à la même catégorie.

Il faut ici encore traiter séparément du cas où le conflit s'élève entre droits du même degré et du cas où il s'élève entre droits de degrés divers. Entre droits du même degré la comparaison est parfois impossible, toujours difficile. Elle est impossible s'il s'agit de droits du premier degré qui, exercés à l'intérieur ou à l'extérieur, intéressent toujours la conservation de l'État. Une nation prétend que l'état politique d'une autre nation rend impossible la poursuite de tout commerce avec elle et menace peut-être sa sécurité intérieure. Celle-ci réplique qu'il y a pour elle une question d'existence à maintenir les institutions dont on se plaint. Chacune d'elles est dans son droit strict et les conflits de cette sorte, heureusement fort rares, sont de ceux qui entrainent fatalement une solution violente.

Il se rencontrera fréquemment au contraire que les droits prétendus par un État en vertu de sa souveraineté extérieure contrarient l'exercice de la souveraineté intérieure d'un autre Etat. C'est ainsi que bien souvent les réclamations élevées par un gouvernement étranger au nom de ses ressortissants sont repoussées dès l'abord par le gouvernement local comme incompatibles avec sa souveraineté. Peut-on donner à ces difficultés une solution unique et dire que les droits de la souveraineté intérieure méritent de passer avant ceux de la souveraineté extérieure ? Quiconque demeure fidèle au dogme ancien de la territorialité de la souveraineté n'hésitera pas à résoudre affirmativement cette question. Tel n'est pas, on le sait, notre avis. Nous estimons que la souveraineté extérieure, conséquence forcée du commerce international, n'est pas moins indispensable à l'État que la souveraineté intérieure. Il n'y a donc pas de préjugé à accepter en cette matière, et chaque cas devra faire l'objet d'un examen particulier. S'il est possible de donner une satisfaction complète aux intérêts en présence. si l'affaire est de telle nature qu'elle puisse se terminer par une transaction équitable, les procédés amiables devront être employés, sinon il faudra suivant notre méthode comparer les droits allégués au point de vue de l'intérêt public qu'ils représentent, et faire triompher celui qui sera jugé supérieur à l'autre à cet égard. Impossible, dira-t-on, d'appliquer une commune mesure à des droits différents. Mais ces droits, quoique compris dans des séries distinctes, ne sont pas toujours (1), nous l'avons montré, de nature diverse. La souve-

(1) Nous disons « pas toujours », et cette réserve vise le cas où l'action extérieure du Souverain a pour objet la défense des droits de l'État tout entier. L'analogie signalée par nous ne se rencontre pas alors, parce que à l'intérieur le Souverain est le seul juge des intérêts de la communauté qu'il dirige. Un conflit ne peut donc pas naitre sur ce ter-

raineté extérieure n'est dans bien des cas rien autre que la prolongation internationale de la souveraineté intérieure et alors la comparaison sera facile en supposant que ce conflit se présente entre les deux mêmes droits dans un seul État. L'examen de la législation ou à son défaut des pratiques de l'administration montrera quel droit doit être considéré comme supérieur en importance.

Le développement de ces idées générales conduirait, à ce qu'il semble, à une théorie juridique satisfaisante de la protection des nationaux à l'étranger. Indiquons rapidement qu'elles conduisent aux conséquences suivantes.

1° Un État ne peut réclamer au profit de ses sujets expatriés que les seuls droits dont il leur garantit la jouissance dans leur patrie.

2° Un étranger ne peut revendiquer au plus dans le pays où il réside que les droits reconnus aux citoyens de ce pays.

3° En cas de conflit entre un droit réclamé par le citoyen expatrié et une exception à lui opposée par le gouvernement auquel il a adressé sa réclamation, la valeur relative de l'action et de l'exception doit être jugée comme on le ferait d'une question de législation intérieure, pourvu qu'elle puisse l'être suivant un ordre de classement accepté par les deux nations intéressées.

S'il s'agit d'un conflit relatif aux droits de l'individu, cette méthode suffira ; s'il s'agit des droits de l'État lui-même, elle sera sans emploi parce que, à l'intérieur, l'État détermine librement sa compétence. A l'extérieur, au contraire, lorsqu'il se trouve en présence d'un autre État égal et semblable à lui-même, cette omnipotence n'est plus de raison et il doit accepter le joug d'un droit commun. En pareille hypothèse on recourra à la méthode de la comparaison directe des intérêts en présence.

Il est curieux de remarquer que l'on arrive par cette méthode à des solutions plus respectueuses de l'indépendance territoriale de l'État que

---

rain à l'intérieur, si ce n'est à titre purement exceptionnel. Les discussions entre le pouvoir spirituel et le pouvoir temporel ont cependant ce caractère ; de même les conflits qui surgissent parfois entre deux organes de la souveraineté, entre les deux Chambres d'un pays par exemple.

celles que consacre la pratique des nations. Un étranger ne pourrait demander une indemnité pour dommage subi en temps d'insurrection que si ce droit à indemnité existait pour les nationaux à la fois dans sa patrie et dans le pays où il habite. De même il n'y aurait d'intervention possible au profit des créanciers d'un État que si ce droit était consacré au profit des nationaux par la législation intérieure des deux pays. Cependant on peut se demander si dans ce dernier cas l'État étranger n'a pas pris envers ses créanciers une obligation qu'il lui aurait été impossible de prendre envers ses sujets.

Nous savons déjà que les droits rentrant dans la troisième fonction de l'État et servant à sa mission de progrès ne sont pas de ceux qui donnent lieu à conflit dans leurs rapports réciproques. Il est inutile de s'arrêter à cette hypothèse.

50. Arrivons au second des deux cas prévus : un conflit vient à naitre entre droits n'appartenant ni à la même catégorie ni au même degré ; ici encore c'est le degré le plus fort qui doit l'emporter. C'est ainsi que le droit au commerce international, si étendu et si important qu'on le suppose, devra souffrir dans son exercice toutes les restrictions justifiées par le soin de la conservation de l'État, et qu'inversement l'exercice de la souveraineté intérieure doit se plier à l'existence du commerce international. Il est oiseux d'ajouter qu'un progrès quelconque n'est légitime qu'autant qu'il ne menace ni l'existence d'un autre État ni l'exercice de sa souveraineté intérieure ou extérieure. La seule difficulté sera de bien décider quand un État est menacé dans son existence. Mais il n'y a pas de droit qui au moment de son application ne soulève pas de questions de ce genre. Il est superflu, à notre avis, de citer ici des exemples.

51. Nous avons ainsi achevé l'esquisse que nous nous proposions de tracer des droits respectifs des nations et du classement qu'ils doivent logiquement recevoir. Cette esquisse n'est cependant pas complète et nous avons laissé de côté deux grandes catégories de droits des États auxquels notre méthode du reste ne s'applique pas. Ce sont : 1° La garantie due par les États aux droits de l'humanité, garantie qui vient apporter une restriction nouvelle à la prétendue indépendance de l'État et

permet à un peuple quelconque d'intervenir dans les affaires d'un autre
peuple pour obliger ce dernier à respecter à l'égard de toute personne,
étrangère ou sujette, les droits primordiaux de l'humanité. Nous avons
antérieurement déjà expliqué en quoi consiste cette fonction et quels sont
les droits auxquels nous faisons allusion (1) ; 2° La mission d'éduca-
tion que les nations civilisées se sont toujours arrogée vis-à-vis des
peuples sauvages. Cette mission, conséquence extrême de la frater-
nité humaine, se comprend et se justifie par son but d'humanité et de
relèvement. Loyalement pratiquée elle aurait été l'honneur des nations
qui composent la communauté internationale ; l'histoire nous oblige à
dire qu'elle ne l'a jamais été et maintenant peut-être moins qu'à toute
autre époque, car il n'est pas rare de voir des entreprises en apparence
purement humanitaires ou exclusivement religieuses dissimuler les visées
politiques ou les spéculations commerciales les moins avouables. Pour
un Livingstone combien notre siècle n'a-t-il pas vu et ne voit-il pas encore
de Pritchard !

Ces deux fonctions de l'État dépassent le cadre de la présente étude,
parce qu'elles ne mettent pas en jeu les intérêts propres de l'État qui à
l'occasion les exerce, mais constituent une participation directe à l'œuvre commune des nations. Ici les intérêts nationaux disparaissent et il
ne peut plus être question que des intérêts généraux de l'humanité, lesquels trouvent dans tous les Souverains des représentants également
qualifiés à l'accomplissement d'une même œuvre. Des difficultés peuvent
naître, c'est certain, mais non pas des conflits d'intérêts opposés. Si des
litiges surgissent, c'est au sujet de la distribution du travail commun
qu'ils apparaîtront, et il faudrait bien peu connaître l'esprit égoïste et
étroit de la politique pour craindre que les nations ne viennent à se disputer leur participation à une œuvre toute d'humanité et de désintéres-
sement. Il n'existe aucun besoin urgent d'étudier les difficultés de cet
ordre.

(1) V. notre article sur *le Droit international public* etc. dans la *Revue générale de
dr. intern. public*, t. I (1894), p. 1 et suiv.

§ X

RÉSULTATS DE L'APPLICATION DE LA MÉTHODE.

52. Observation générale quant à la systématique de notre science.— 53. De la sanction des lois internationales. — Application limitée du principe du respect de la souveraineté. — 54. Explication par notre méthode des règles du droit international privé. Droits des étrangers. Conflits de lois. Principe touchant l'application des lois étrangères. Respect des droits acquis à l'étranger. — 55. Conclusion.

52. Nous avons ainsi épuisé le sujet de notre étude, mais nous croyons utile de la compléter en donnant quelques indications sur l'influence qu'exercerait l'adoption de la méthode que nous recommandons sur la systématique de notre science et aussi en insistant sur certains points intéressants qui n'ont pas été suffisamment mis en lumière dans le cours de cette dissertation.

Il est inutile, je pense, de faire remarquer que les idées par nous émises ne concernent en rien le droit international positif, qu'elles sont relatives uniquement à ce que Grotius appelait le droit naturel au droit international théorique. Mais dans ce domaine leur adoption entraînerait des modifications fort sérieuses aux méthodes ordinairement suivies. Il deviendrait inutile de se préoccuper de la théorie des droits fondamentaux, et l'attention du jurisconsulte devrait se porter tout entière sur l'idée de reconnaissance et sur cette obligation de respect qui en découle. Est-il besoin de dire que les développements que nous avons précédemment consacrés à ces deux idées sont loin d'épuiser cette importante matière et que, pour ne citer qu'un exemple, la théorie de la reconnaissance imparfaite esquissée par Lorimer fournirait à elle seule un ample sujet d'étude? Cette idée mérite d'être étudiée sous toutes ses faces. Quant aux applications qu'il convient d'en faire aux divers rapports des États, la méthode que nous avons employée dans cette étude, bonne peut-être pour expliquer le mécanisme d'une théorie, ne vaudrait rien à coup sûr dans une exposition générale du droit international. Ce n'est pas à dire que nous approuvions les méthodes généralementsuivies. Par une réminiscence tout à fait déplacée des Institutes de Justinien, on voit poindre dans les livres la quadruple distinction des personnes, des biens, des obligations, des actions. Une imitation de ce genre est un véritable enfantillage et encourage l'interprète dans l'embarras à étendre les préceptes d'un droit fait en vue des intérêts privés à une science dont l'intérêt public est l'unique objet.

Il serait plus raisonnable, à notre avis, de prendre ici pour base la distinction de la souveraineté intérieure et de la souveraineté extérieure et d'étudier successivement les conflits qui se produisent sur le territoire et ceux qui, étant indépendants de tout élément territorial, se rattachent exclusivement à la pratique du commerce international. On réunirait ainsi d'une part ce qui concerne les prétentions à la souveraineté territoriale, les questions de nationalité, de condition des étrangers, de droit criminel international, d'autre part ce qui est relatif à la mer, aux voies de circulation, à la colonisation, aux agents du commerce international, aux traités. Cette systématique, qui ne s'écarterait pas sensiblement de l'ordre le plus souvent adopté, aurait l'avantage de reposer sur une base intelligible empruntée à la théorie elle-même.

53. Nous nous sommes borné dans l'exposé de cette théorie à considérer les rapports des États en temps de paix. Cela est proprement la matière du droit des gens. Vient ensuite la question de sanction à laquelle il convient de consacrer maintenant quelques développements. Toute sanction violente donnée aux préceptes du droit international a pour objet une intervention dans les affaires de l'État dont on se plaint, afin de l'obliger à se conformer au droit et à réparer le dommage que ses procédés injustes ont pu causer, intervention limitée ou localisée en cas de représailles, plus générale en cas de guerre. La guerre elle-même, telle qu'elle est comprise et pratiquée depuis des siècles, nous offre une application curieuse de l'idée de respect. Elle ne tend pas en effet dans nos usages modernes à substituer la souveraineté du vainqueur à celle

du vaincu sur le territoire de celui-ci, elle respecte l'existence de ce dernier et ses fonctions, elle se propose seulement de le mettre dans une situation telle qu'il soit obligé de donner suite aux revendications que l'on a élevées contre lui. C'est donc un mode de contrainte indirecte qui, tout en allant à l'encontre de l'indépendance de l'État, persiste à respecter l'existence de cet État et la qualité souveraine qui est le propre de son institution.

Et comment la guerre arrive-t-elle à réaliser le but dernier en vue duquel elle est faite ? Précisément par une restriction progressive de cette condition générale de respect qui est la loi fondamentale des rapports internationaux. Le succès des armes du plus fort a pour conséquence directe l'occupation d'une portion du territoire ennemi, portion d'autant plus considérable que ce succès s'affirme et se prolonge davantage. Quelle est l'utilité de ces conquêtes ? Elles ne visent pas à abattre le vaincu par la grandeur des maux qu'elles lui infligent, ou du moins, si cette théorie a été proposée, nous la repoussons avec la majorité des auteurs comme injuste et inhumaine, elles ont pour objet de paralyser progressivement la résistance du vaincu en le privant de la possession des moyens sur lesquels s'appuie son action souveraine. L'ennemi en s'avançant sur le territoire du vaincu le prive du concours d'un nombre toujours plus grand de ses sujets, il occupe et utilise pour ses propres fins les ouvrages de défense qu'il avait accumulés à grands frais sur ses frontières, il le dépouille de sa ressource la plus précieuse, de ce que l'on a appelé avec raison le nerf de la guerre, des revenus et des moyens qu'il pouvait tirer du territoire occupé ; mais, même en ce faisant, l'ennemi ne renonce pas au respect de la souveraineté de son ennemi et persiste à y conformer sa conduite toutes les fois où les nécessités de l'action militaire ne l'obligent pas à suivre une politique différente. C'est ainsi qu'en territoire occupé la souveraineté du vaincu demeure en principe intacte, les lois qu'il a faites conservent leur vigueur, les magistrats qu'il a institués gardent leur emploi. On se rappelle en outre que, de tout temps, des conventions régulières et obligatoires ont été passées sur les champs de bataille par les généraux des deux camps, que, dans la prati-

que moderne, la guerre ne rompt pas toutes les conventions antérieurement en vigueur entre les belligérants, que tout commerce n'est pas
interrompu entre les sujets des nations ennemies. N'est-on pas dès lors
autorisé à affirmer que l'idée du respect de la souveraineté de l'État
étranger est le principe inéluctable des relations internationales, puisque l'état de désordre et de violence qui accompagne toute guerre ne
parvient pas lui-même à en supprimer les effets.

Si de la guerre nous passons à la neutralité, nous pouvons la définir
d'un mot en disant qu'elle a toujours représenté et qu'elle représente
encore une transaction entre les intérêts des neutres et les intérêts des
belligérants. La neutralité est même l'une des matières dans lesquelles
la prépondérance de cette idée générale de respect de la souveraineté
s'est le plus manifestement révélée.

Son histoire à elle seule suffirait à démontrer l'extrême importance de
cette idée. Nous ne prolongerons pas cette étude par la démonstration
d'une vérité que l'examen le plus rapide suffit à faire découvrir.

54. Une observation plus intéressante réclame notre attention. L'idée
de respect n'a pas seulement l'avantage de nous rendre compte de la
valeur des rapports publics des États et de nous fournir la loi générale
des devoirs qui en dérivent, elle nous permet aussi de comprendre et
d'expliquer les phénomènes du ressort du droit international privé.

Le droit international privé réduit à ses éléments derniers comprend
trois objets, la concession d'un certain nombre de droits aux étrangers,
une certaine application donnée aux lois étrangères, un certain effet con-
cédé aux droits acquis à l'étranger. Ces traits caractéristiques s'expli-
quent tous trois par le respect de la souveraineté étrangère et ne peuvent s'expliquer que par cette seule raison.

Pourquoi tous les États civilisés accordent-ils aux étrangers qui font
un séjour sur leur territoire une certaine quantité de droits, quantité
toujours plus grande et qui mérite de faire considérer la règle de l'égalité du national et de l'étranger sinon comme la loi d'aujourd'hui,
du moins comme celle de demain ? C'est sans doute parce que le commerce international ne serait pas possible sans une semblable conces-

sion ; mais cette extension ne renferme pas moins une reconnaissance implicite de la capacité juridique de l'étranger, et constitue par là même un témoignage de respect du Souverain local pour la souveraineté étrangère qui a conféré et qui garantit à son national cette capacité. Il y a du reste en cette matière quelque chose de topique. Jamais on n'a admis, jamais on n'admettra qu'un État puisse imposer sa nationalité à ses hôtes étrangers. Cela ne prouve-t-il pas que leur condition est dominée par le respect de la souveraineté étrangère dont ils sont les ressortissants ?

La même remarque s'impose si l'on considère les conflits de lois. Pourquoi tous les peuples donnent-ils dans une certaine mesure autorité sur leur territoire aux lois étrangères ? Est-ce, comme certains le disaient autrefois, par pure courtoisie ? On s'expliquerait mal alors la régularité de cette pratique, car la courtoisie est affaire de tempérament et de circonstance. Du reste personne ne défend plus cette théorie définitivement passée dans le domaine de l'histoire, et les jurisconsultes anglais, ses derniers fidèles, paraissent avoir eux-mêmes renoncé à l'invoquer. Faut-il, avec une opinion encore en faveur aujourd'hui, expliquer ce phénomène par l'idée d'une adoption volontaire de certaines lois étrangères qui prendraient ainsi dans le pays qui les accueille valeur de lois nationales ? Cette explication est tout aussi peu acceptable que la précédente, car si l'on peut prêter à un législateur l'intention de faire passer dans son propre code certaines lois étrangères existantes et connues de lui, il est impossible par contre d'admettre qu'il entende accepter des lois futures qu'il ne peut pas connaître, dont il s'interdit par avance de discuter la valeur. Pareille acceptation n'est pas un mode d'exercice du pouvoir législatif mais une abdication partielle de ce pouvoir. Et c'est bien en vérité d'une semblable abdication qu'il s'agit ici. Par respect pour une souveraineté qu'il reconnaît plus compétente que la sienne propre, le législateur renonce à fournir une règle applicable à certains rapports ; il laisse ce soin au législateur étranger. Il est impossible de voir un exemple plus frappant de respect pour la souveraineté d'un autre État ; les lois en définitive sont des moyens d'action réservés au seul

Souverain ; et qui respecte les lois respecte par là même la volonté souveraine de celui qui les a faites.

Cette idée de respect qui nous fournit la seule base juridique solide que puisse avoir le droit international privé nous fournit aussi la connaissance de la mesure dans laquelle chaque État doit souffrir l'application des lois étrangères sur son territoire, en d'autres termes la solution des conflits de lois. Nous avons longuement insisté sur ce principe dans une étude antérieure, il suffira ici de le retracer en quelques mots. Lorsque deux lois sont en conflit, deux puissances publiques sont en présence au sujet du régime légal à appliquer à un seul et même rapport de droit, et c'est encore la loi de l'intérêt le plus fort qui doit être appelée à trancher le débat. L'un des États a intérêt à ce que sa loi soit réputée territoriale, l'autre à ce que la sienne soit tenue pour personnelle ; pesons ces deux intérêts, mesurons les effets que produira la loi dans chacune de ces deux hypothèses, comparons-les, et l'effet le plus considérable, signe certain d'un intérêt public plus grand à ce que la solution dont il découle soit adoptée, nous indiquera le sens dans lequel le conflit devra être résolu. Cette méthode aura ici encore l'avantage de préférer l'intérêt public le plus fort et aussi de donner à l'autorité du droit son maximum d'intensité dans les relations internationales.

Il est évident aussi qu'un État ne peut donner de marque plus certaine de sa considération pour la souveraineté d'un autre État qu'en donnant force et autorité aux actes juridiques passés dans le ressort territorial de la juridiction de ce dernier et sous l'empire de ses propres lois. Or c'est ce qui arrive quotidiennement, soit à l'occasion des actes civils passés à l'étranger, soit à l'occasion des jugements qui y ont été rendus.

55. Ainsi cette théorie du respect mutuel de la souveraineté des États aboutissant pratiquement à la solution des conflits par la prépondérance assurée au plus fort des intérêts versés dans le litige présente cette propriété de servir de base commune aux deux grandes branches du droit international et de résoudre les difficultés qu'elles comprennent à l'aide d'une loi unique également intelligible, également rationnelle dans tous

les cas. Cette particularité présente en sa faveur un argument que l'on ne doit pas négliger, et sur un terrain moins élevé, la grande importance doctrinale de cette loi nous servira aussi d'excuse pour avoir entraîné le lecteur dans une aussi longue et, nous le craignons, aussi fastidieuse dissertation.

Nous aurions désiré terminer cette étude en essayant de procéder à la délimitation des domaines respectifs de la politique et du droit des gens. Il eût été intéressant de montrer comment ces deux disciplines qui reposent l'une et l'autre sur la considération des intérêts des nations sont cependant très différentes entre elles. Dans cet ordre d'idées on apercevrait aisément que le droit a la garde des intérêts essentiels et permanents de toute souveraineté, que la politique au contraire étend son action beaucoup plus vaste à tous les intérêts de l'État, même à ceux qui ont un caractère purement local et passager. Les intérêts que garantit la politique peuvent être ou sanctionnés par le droit ou extérieurs au droit ou contraires au droit, et l'avenir de la communauté internationale nous paraît dépendre en grande partie de l'attention que prêteront les politiques au caractère juridique des intérêts dont ils ont le soin.

Il y aurait là matière à une nouvelle et fort intéressante étude. Mais il faut savoir se borner, il faut surtout ne pas abuser de la patience du lecteur le plus bienveillant.

TABLE DES MATIÈRES

Imp. J. Thevenot, Saint-Dizier (Haute-Marne).